人工智能时代高校英语教学改革研究

孙丽华 ◎ 著

吉林人民出版社

图书在版编目（CIP）数据

人工智能时代高校英语教学改革研究 / 孙丽华著 .
长春：吉林人民出版社 , 2024.10. -- ISBN 978-7-206-21507-0

Ⅰ . H319.1

中国国家版本馆 CIP 数据核字第 2024EU8833 号

责任编辑：王　斌
封面设计：王　洋

人工智能时代高校英语教学改革研究
RENGONG ZHINENG SHIDAI GAOXIAO YINGYU JIAOXUE GAIGE YANJIU

著　　者：孙丽华
出版发行：吉林人民出版社（长春市人民大街 7548 号　邮政编码：130022）
咨询电话：0431-82955711
印　　刷：三河市金泰源印务有限公司
开　　本：787mm×1092mm　　1/16
印　　张：7.75　　　　　　　　　字　　数：100 千字
标准书号：ISBN 978-7-206-21507-0
版　　次：2024 年 12 月第 1 版　　印　　次：2025 年 1 月第 1 次印刷
定　　价：78.00 元

如发现印装质量问题，影响阅读，请与出版社联系调换。

前　言

在信息技术不断发展的时代，人工智能作为一项颠覆性技术，迅速渗透到社会的各个领域。教育作为培养社会未来人才的基础，受到了人工智能带来的深远影响。尤其是在高校英语教学中，人工智能的引入为教学方法、教学工具和教学效果带来了前所未有的变革契机。高校英语教学的改革，已成为时代发展和科技进步背景下的必然趋势。本书立足于当前人工智能技术的快速发展，探讨了人工智能与高校英语教学的深度融合及其在教学改革中的推动作用。

人工智能技术的进步为教育领域带来了无限的可能性。与传统教学模式不同，人工智能赋予教学新的形式和方法，特别是在智能化教学模式的构建中发挥了重要作用。对于英语学习者而言，语言的掌握不再局限于课堂内的被动吸收，而是在智能系统的辅助下，获得更多的互动体验和实时反馈。这一转变大幅提升了学习效率，同时也为教师的教学带来了更多可能性。

人工智能技术的介入，为个性化教学提供了新的方案。通过对学生学习数据的实时分析，智能系统能够动态调整教学内容，为不同层次的学生提供适合他们的学习路径，从而有效解决了传统教学模式中的"千篇一律"问题。

除了智能化的教学模式，人工智能还改变了教师的角色。在过去的教学环境中，教师主要负责知识的传授与管理，人工智能的出现则为教师分担了大量重复性劳动。智能化的评估系统可以为学生提供及时的反馈，数据驱动的教学决策帮助教师更好地掌握学生的学习状态，进而进行有针对性的教学设计。教师的角色逐渐从单纯的知识传授者转变为学习的指导者和支持者，更多地关注学生的自主学习能力和创新能力的培养。这种角色的变化，既要求教师具备更多的技术素养，也促使他们重新思考教学的核心价值。

人工智能的作用不仅局限于教师角色的转变，它还深刻影响了教学工具和平台的构建。各种人工智能驱动的教学工具和平台，如数字教材、虚拟教师、在线学习资源等，极大地丰富了教学内容。这些工具不仅可以根据学生的学习进度和兴趣爱好，动态调整学习材料，还能够通过自然语言处理技术实现与学生的实时互动。英语学习中的发音纠正、语法纠错等环节，通过智能化工具的支持变得更加精准和高效。与此同时，虚拟现实和增强现实技术的应用，为英语学习者提供了身临其境的语言环境，使其在模拟的跨文化场景中，锻炼语言运用能力与跨文化交际能力。

然而，人工智能在教育领域的广泛应用，也引发了关于教学伦理和数据安全的讨论。教育中的智能化进程，虽然在一定程度上提高了教学质量，但也带来了数据隐私和技术依赖等问题。如何在保护学生隐私的前提下，合理使用人工智能技术，是教育领域亟须解决的问题。教师在享受技术带来便利的同时，也应增强技术伦理意识，避免技术对教学主体性的过度干预。此外，人工智能系统在教学中的应用，也需要有清晰的伦理规范，确保技术服务于教学目标，而不是让技术本身成为学习的主导因素。

人工智能在高校英语教学中的应用，不仅是一种技术革新，更是一次教育理念的更新。传统教学模式中的知识灌输与被动学习，正逐步让位于以学生为中心的个性化学习模式。在智能化系统的支持下，学生拥有更多的自主权，可以根据自身的学习习惯和节奏，自主安排学习进程。教师则更多地承担起引导和启发的职责，帮助学生培养批判性思维和创新能力。

随着人工智能技术的不断进步,高校英语教学的改革也将走向更加智能化、个性化的未来。希望本书的研究成果,能够为推动人工智能时代的英语教学改革贡献一份力量,同时为教育领域的创新与发展提供有价值的参考。

目 录

第一章　人工智能技术与教育的融合 ········· 1
第一节　人工智能在教育领域的应用 ········· 1
第二节　高校英语教学与人工智能的契合点 ········· 5

第二章　人工智能时代高校英语教学改革的必要性 ········· 19
第一节　当前高校英语教学的瓶颈与挑战 ········· 19
第二节　人工智能推动教学改革的需求 ········· 28
第三节　人工智能在高校英语教学中的应用 ········· 43

第三章　人工智能支持下的高校英语教学模式创新 ········· 57
第一节　混合式教学模式的构建 ········· 57
第二节　个性化学习与自主学习能力培养 ········· 67
第三节　人工智能时代高校英语混合式教学模式构建 ········· 74

第四章　人工智能时代的英语教学资源开发与利用 ········· 81
第一节　人工智能驱动的英语教学资源生成 ········· 81
第二节　多模态学习资源的开发与应用 ········· 91
第三节　人工智能技术在教学中的伦理对策 ········· 102

参考文献 ········· 112

第一章 人工智能技术与教育的融合

第一节 人工智能在教育领域的应用

随着人工智能（AI）技术的不断发展，其在各个领域的应用逐步深入，教育领域也因此迎来了前所未有的变革。人工智能的引入为教学方式、教学资源以及教学评估提供了全新的可能性。通过智能化平台和数据驱动的工具，教育不仅变得更加个性化，也更加注重效率和效果的提升。与此同时，人工智能还在深刻改变着教师和学生之间的互动方式，推动教育从传统的模式向更加灵活、多元的方向发展，为未来的学习提供了全新的路径。

一、人工智能与智能化教学模式

人工智能技术的发展对教育领域产生了深远的影响，尤其是在教学模式的革新方面，人工智能的引入为实现智能化教学提供了可能。智能化教学模式与传统教学模式的区别不仅体现在技术手段的不同，还表现在教育理念的转变和教学过程的优化。智能化教学依托人工智能技术，通过数据的分析和处理，精准地识别学生的学习需求和学习状态，从而提供更加个性化、灵活化的学习体验。

伴随着智能化教学模式的逐步推广，教师在教学过程中的作用发生了转变。

教师不再是单一的知识传授者,而是在智能化平台的辅助下,成为学生学习的指导者和支持者。智能化教学系统可以根据每个学生的学习情况,自动生成适合他们的学习方案,教师则可以根据这些数据,为学生提供个性化的指导和帮助。这种模式不仅提升了教学的效率,还大大减轻了教师的工作负担,使其能够更加专注于学生的个性化发展。人工智能系统通过对大量学习数据的分析,可以预测学生可能遇到的困难,并提前为学生提供解决方案。这种基于数据驱动的智能化反馈机制,极大地提升了教学的针对性和有效性。

人工智能技术的应用还突破了时间和空间的限制,使得教学变得更加灵活。传统的课堂教学时间和地点都受到很大限制,学生只能在固定的时间和地点接受知识的传授。而智能化教学模式则可以通过在线平台,实现随时随地的学习。学生可以根据自己的时间安排,灵活调整学习进度,教师也可以通过在线平台对学生的学习情况进行跟踪和指导。在智能化教学模式中,人工智能不仅改变了教学的内容,还优化了教学的流程。以往教学流程大多是固定的,教师根据课表依次讲授知识,而学生按照教师的安排进行学习。如今,通过智能化系统,教学流程可以根据学生的学习情况进行动态调整。比如,当学生在某一部分内容的学习上遇到困难时,系统可以根据学生的学习数据,推送更多相关的学习资料,帮助学生解决问题。同时,系统还能根据学习结果,自动生成个性化的学习报告,教师可以依据这些报告调整下一步的教学计划。这种基于数据的教学流程优化,极大地提高了教学的效率和效果。

智能化教学模式对于教学资源的分配也起到了积极的促进作用。以往教学资源的分配较为不均衡,尤其是在一些教育资源相对匮乏的地区,学生无法获得优质的教学资源。智能化教学模式的引入,通过在线平台和人工智能技术，将优质的教学资源共享到各个地区，使得学生无论身处何地，都能享受到同等质量的教育。同时，人工智能系统可以根据每个地区的教学需求，调整教学内容和教学形式，从而更好地满足不同地区学生的学习需求。

同时，智能化教学模式为教育评估提供了更加科学和客观的依据。传统的教育评估往往以考试成绩为主要参考，学生的学习能力和进步情况很难通过考试成绩全面反映出来。而智能化系统通过对学生学习行为的监测，可以生成详细的学习数据分析报告，包括学生的学习时长、学习进度、知识掌握情况等多维度信息。这种基于大数据的教育评估方式，为教师提供了更加全面的教学反馈，教师可以根据这些数据，对学生的学习情况进行更加深入的分析和指导，确保每个学生都能获得个性化的关注和帮助。

二、人工智能对教师角色的改变

随着人工智能技术的广泛应用，教育领域的许多传统模式发生了变化，教师的角色也在这一过程中经历了显著的转型。教师不再仅仅是课堂中的知识传递者，人工智能技术的引入，促使教师从单一的知识提供者逐步演变为学习的指导者与支持者。通过智能化平台的辅助，教师的职责得以重新定义，其在教育体系中的角色变得更加多元化和复杂化。

在教学过程中，人工智能为教师提供了强有力的技术支持，使其从烦琐的日常事务中解脱出来。以往，教师需要花费大量时间进行备课、批改作业、跟踪学生学习进度等工作，这些重复性任务耗费了教师大量的精力。而如今，借助智能化系统，这些工作可以由人工智能工具完成，教师可以将更多的时间与精力投入到更具创造性和个性化的教学设计中。比如，智能化平台能够根据学生的作业表现，自动生成评估报告，帮助教师迅速掌握学生的学习情况，并给予有针对性的反馈与指导。与此同时，人工智能的引入改变了教师在课堂中与学生的互动方式。以往的课堂教学以教师为中心，学生被动接受知识，而人工智能技术使得教学变得更加互动化。教师通过智能化教学工具，能够实时了解学生的学习状态，并根据学生的反馈，灵活调整教学内容与进度。这种互动模式的提升，使得课堂教学不再是单向的信息传递，而是一个双向的交流过程。教师不再仅仅是传授知识，而是引导学生进行思考与探索，并在此过程中提供必要的支持与帮助。

教师的角色转变还表现在教育方法的创新上。过去的教学方法较为固定，教师主要通过讲授的方式传递知识，而现在，人工智能技术的引入促使教师探索更加多样化的教学方法。借助智能化平台，教师可以设计更加个性化的教学活动，如小组合作、项目化学习等，使得学生在学习过程中能够更加主动地参与到知识的建构中。教师不再是单纯的知识提供者，而是学生学习过程的引导者与激励者，通过多样化的教学方法，帮助学生发展创新思维与批判性思维能力。同时，人工智能的使用也使得教师的教学评估工作变得更加高效与精准。传统的评估方式大多依赖于考试成绩，难以全面反映学生的学习能力与进步情况。而人工智能化平台通过对学生学习行为的监测，能够提供多维度的评估报告，包括学生的学习时长、知识点掌握情况、作业完成度等详细数据。这种多维度的评估方式，帮助教师全面了解学生的学习表现，并为其提供有针对性的改进建议。通过这些智能化工具，教师可以更加科学、合理地进行教学评估，进而优化教学策略。

人工智能技术的应用并不会完全取代教师的作用，相反，它强调了教师在教学中的不可替代性。人工智能虽然能够在数据分析、教学资源管理等方面为教师提供极大的帮助，但教育的核心依然是人与人之间的互动与沟通。教师作为教学活动的核心人物，其情感引导与思想激发作用，是任何技术都无法替代的。人工智能的引入，只是为教师的工作提供了更加高效的工具与手段，而教师的角色在这一过程中，依然是不可或缺的。

第二节　高校英语教学与人工智能的契合点

随着人工智能技术的快速发展，教育领域尤其是高校英语教学，迎来了全新的变革机遇。在这种背景下，如何将人工智能技术与高校英语教学有机结合，成为提升教学效果和培养学生语言能力的重要课题。人工智能通过智能化工具和数据分析，为教学过程中的个性化指导和反馈提供了有力支持，进一步促进了学生学习效率和语言运用能力的提升。

一、人工智能技术在英语教学中的应用现状

当前，人工智能技术在英语教学中的应用已经逐步深入，展现出强大的教学辅助功能和教育革新潜力。智能化学习工具、语音识别技术、自然语言处理技术等人工智能手段，正在改变传统的英语教学模式。高校英语教学逐步融入这些技术，以提升学生的语言学习效果和学习体验。通过数据分析与智能反馈，教师可以更好地掌握学生的学习进展，帮助学生破解学习中的难题，实现个性化的教学目标。在应用实践中，人工智能技术帮助教师在教学中有效管理学生的学习进度和表现。智能系统能够根据学生的答题记录与学习行为，自动生成个性化的学习计划，帮助学生提高语言学习的效率。与此同时，教师可以借助这些技术工具，对学生的学习进展进行精准的监测，及时调整教学策略。这种智能化的应用不仅提高了教学的效率，也使得每个学生的个体差异得到了充分尊重，教学不再是一种统一的模式，而是更加灵活和动态的过程。

语音识别技术在英语学习中的广泛应用，显著提升了学生的口语训练效果。传统的口语教学往往因为课堂时间有限，无法使学生得到足够的练习机会。通过语音识别系统，学生可以随时进行发音练习，并获得系统的即时反馈。系统能够对学生的发音进行精确分析，指出错误并提供改进建议。教师可以根据系统提供的数据，更加有针对性地为学生提供辅导。这种个性化的口语练习方式，为学生的发音纠正提供了前所未有的便捷途径，帮助他们更快地提升口语能力。与此同时，自然语言处理技术在英语写作教学中的应用，改变了以往教师在批改作文中的单一人工操作。人工智能系统能够分析学生的写作文本，提供语法、词汇、句式等多方面的建议。这种智能化批改工具不仅减轻了教师的工作负担，也帮助学生在每次写作练习中获得即时反馈，促使学生不断改进写作技巧。通过系统生成的详细报告，教师可以更加全面地了解学生在写作中的弱点，并进行有针对性的教学指导。

在听力训练中，人工智能技术的应用也带来了显著的变化。传统听力教学主要依赖于固定的音频材料，而智能系统可以根据学生的听力水平动态调整音频的难度，并在听力过程中提供辅助提示。在学生听力训练时，系统会根据他们的反应速度和准确率，自动生成适合他们的练习内容。这种动态调整功能使得学生的听力训练更加个性化，有效提升了学生的听力理解能力。接下来，智能化学习平台的引入极大地丰富了英语教学的形式。通过这些平台，学生可以随时随地进行自主学习，不再受到课堂时间和空间的限制。平台内的丰富学习资源，包括视频、音频、互动练习等，满足了学生多样化的学习需求。教师可以根据学生的学习情况，向其推荐适合的学习资料，帮助学生在课外巩固课堂所学内容。这种多样化的学习形式，不仅增强了学生的学习兴趣，还为学生提供了更多的学习路径选择。

人工智能技术还为翻译教学提供了新的方法。通过智能翻译系统，学生可以进行双语对照练习，系统不仅能提供词汇翻译，还能根据上下文理解提供更加精准的翻译建议。这种应用极大地提升了学生的翻译能力和跨文化理解能力。教师可以结合系统的反馈，为学生的翻译练习提供更加深入的讲解与分析，帮助学生更好地掌握翻译技巧和方法。

人工智能的智能评估系统也在英语教学中发挥了重要作用。传统的教学评估往往局限于考试成绩，难以全面反映学生的学习情况。通过智能系统，教师可以获得更为详细的学生学习数据，包括学习时间、学习频率、知识点掌握情况等。这些数据为教师提供了更加精准的评估依据，使得教学评估不再仅仅依赖于单一的考试成绩，而是基于学生的全程学习表现。这种多维度的评估方式，更加全面地反映了学生的学习状况，帮助教师更加科学地调整教学策略。基于人工智能的智能助手在英语教学中也得到了广泛应用。智能助手可以为学生提供即时答疑服务，无论是语法、词汇还是表达方面的疑问，系统都能够及时解答。学生在自主学习过程中遇到问题时，可以随时向智能助手寻求帮助，获得即时反馈。这种随时可得的学习支持，极大地提高了学生的学习效率，也增强了学生的学习主动性。教师通过智能助手的反馈数据，能够更加准确地了解学生在自主学习中的问题，并在课堂教学中进行相应的指导。

从资源分配的角度来看，人工智能技术为高校英语教学资源的优化与共享提供了强有力的支持。智能化平台可以将优质教学资源进行整合与分类，教师和学生可以根据需要随时查找和使用这些资源。不同地区、不同层次的学生都能够通过平台获得同等质量的学习材料，这种资源的共享模式，在一定程度上解决了教育资源分配不均的问题。教师在课堂教学中，可以更加灵活地利用这些资源，为学生提供更加个性化的学习支持。更重要的是，人工智能技术的应用还推动了协作学习在英语教学中的发展。智能化平台能够帮助学生进行小组合作，学生可以通过平台进行在线讨论、共享学习成果和完成小组项目。教师可以通过平台监控学生的合作进展，并为其提供指导建议。这种基于平台的协作学习模式，不仅提升了学生的合作能力，还增强了他们的团队意识和沟通能力，为未来跨文化交流中的合作能力打下了良好的基础。

同样，虚拟现实技术与人工智能的结合，为学生提供了全新的语言学习体验。通过虚拟现实环境，学生可以模拟真实的语言交流场景，进行角色扮演和对话练习。虚拟现实技术为学生创造了沉浸式的学习环境，使得他们在实际语言交流中更具信心。教师可以通过这些虚拟场景设计更加逼真的语言应用活动，帮助学生在实践中提高语言能力。这种沉浸式的学习方式，有效增强了学生的语言运用能力和跨文化交流能力。智能化平台还为高校英语教学的教学管理提供了新的手段。以往，教师的教学管理工作主要依赖于人工操作，耗费大量时间和精力。而智能化平台通过数据的自动化处理和反馈，能够帮助教师更高效地管理学生的学习进度和学习表现。系统自动生成的学习报告，使得教师可以更加直观地了解学生的学习进展，及时发现问题并给予相应的指导。这种智能化方式，不仅减轻了教师的管理负担，还提升了教学管理的科学性与精准性。

人工智能技术的应用还为教学资源的个性化推送提供了技术支持。系统根据学生的学习情况和兴趣爱好，自动推送相关的学习资源，帮助学生更有针对性地进行学习。这种个性化的资源推送机制，使得学生能够根据自己的学习需求，自主选择学习内容，极大地增强了学习的主动性与自主性。教师通过平台可以随时跟踪学生的学习情况，并为学生提供个性化的学习建议。另外，人工智能技术还通过自动化作业批改系统，减轻了教师的工作负担。以往，教师需要花费大量时间批改学生作业，而智能系统能够通过对学生作业的自动分析与批改，为教师提供详细的作业反馈报告。教师可以根据系统提供的数据，及时了解学生的学习问题,并为其提供有针对性的辅导。学生也能够通过系统的反馈,及时了解自己的学习情况,并根据建议进行调整。这种自动化批改系统,不仅提高了教师的工作效率,还增强了学生的学习效果。

智能化学习平台还通过数据分析,帮助教师进行更加精准的教学设计。以往,教师的教学设计主要依赖于经验与直觉,而智能系统通过对学生学习数据的分析,能够为教师提供更加科学的教学建议。系统能够根据学生的学习情况,自动调整教学内容的难度,帮助教师设计更加符合学生需求的教学计划。这种数据驱动的教学设计,不仅提高了教学的精准性,还使得教学内容更加灵活与动态。

二、人工智能技术在教学内容与形式中的渗透

人工智能技术在高校英语教学中展现了极大的潜力,特别是在教学内容和形式的渗透方面,已经产生了深远的影响。通过智能化工具和平台,教学内容的设计和呈现方式变得更加灵活和多样化,教学形式也从传统的课堂讲授逐步向互动式、个性化和沉浸式方向转变。人工智能不仅帮助教师更好地组织和管理教学内容,还提供了创新的手段和工具,使学生在学习过程中能获得更加丰富和多样化的体验。

在教学内容的设计方面,人工智能技术通过数据分析和学习行为的监测,为教师提供了精准的指导。智能系统能够根据学生的学习兴趣、水平和需求,动态调整教学内容的难度和广度。比如,系统可以自动生成与学生当前水平相匹配的学习材料,帮助学生循序渐进地掌握新的知识点。同时,教师也可以根据系统提供的分析报告,灵活调整课程计划和教学内容,以更好地满足不同学生的学习需求。这种数据驱动的教学内容设计,使得教学不再是一成不变的,而是动态变化的,更具个性化。不仅如此,人工智能还使得教学内容的呈现形

式更加多样化。传统的教学主要依赖于课本和板书，而如今，智能化工具可以将文本、图片、视频、音频等多种媒体形式整合到教学内容中，增强了课堂的互动性和趣味性。比如，教师可以通过智能化平台，向学生展示多媒体课件，利用视频讲解复杂的语言现象，或通过动画模拟语法结构的变化过程。这种多模态的教学内容，不仅增强了课堂的生动性，还提高了学生的学习兴趣和理解能力。

承接上面的观点，人工智能技术还帮助教师更好地组织和整合教学资源。通过智能化平台，教师可以方便地查找、筛选并使用大量的教学资源，无须再花费大量时间自行搜集材料。系统能够根据课程目标和教学计划，自动推荐适合的教学资料，教师只需对这些资源进行简单的筛选和调整，便可以将其用于课堂教学。同时，系统还可以根据学生的学习进度，自动更新和推送相关的学习资料，帮助学生及时复习和巩固所学内容。这种资源的智能化整合，不仅提高了教学内容的质量，也减轻了教师在教学准备中的负担。

人工智能的引入使得课堂教学形式变得更加灵活和个性化。以往的教学形式多为统一的课堂讲授，学生的学习节奏和内容基本一致，而人工智能系统能够根据每个学生的学习进度和表现，动态调整教学形式。比如，对于学习进度较慢的学生，系统可以自动降低学习任务的难度，提供更多的基础知识复习材料；而对于学习进展较快的学生，系统则会推送更加深入的学习内容，帮助他们进一步提高语言水平。这种个性化的教学形式，使得每个学生都能够在适合自己的学习节奏中稳步前进。此外，人工智能还通过智能化测评工具，对教学内容的掌握情况进行实时监控和反馈。在传统的教学模式中，教师通常依赖于期末考试等阶段性评估手段，难以实时了解学生对教学内容的掌握情况。而人工智能系统能够通过对学生学习行为的监测和数据分析，实时评估学生的学习效果,并为教师提供详细的学习报告。通过这些报告,教师可以随时了解学生在每一个知识点上的掌握情况,及时调整教学内容,确保学生能够跟上教学进度并牢固掌握所学内容。

人工智能技术还推动了翻转课堂等创新教学形式的发展。在翻转课堂模式中,学生可以通过智能化平台提前预习教学内容,并在课堂上进行互动和讨论。这种教学形式不仅提高了课堂的互动性,也使得学生能够更加主动地参与到知识的构建过程中。通过智能化平台,教师可以根据学生的预习情况,设计针对性的课堂活动,帮助学生深入理解和应用所学知识。这种互动式的教学形式,有效提升了学生的学习效果,也增强了他们在课堂上的参与感。更进一步,虚拟现实技术与人工智能的结合,为英语教学内容的呈现提供了新的可能性。通过虚拟现实技术,学生可以进入沉浸式的学习环境,在虚拟的场景中进行语言交流和对话练习。系统可以根据课程目标,自动生成各种真实场景,如机场、餐馆、会议室等,让学生在模拟的语言环境中练习口语和听力。这种沉浸式的学习体验,极大地提高了学生的语言运用能力,使得教学内容不再局限于书本和课堂,而是更加贴近现实生活的实际应用。不仅如此,智能化的语音识别技术在英语教学中的应用,还使得口语教学的形式发生了重要变化。以往的口语教学往往依赖于教师的现场指导,学生的练习机会有限。而通过语音识别技术,学生可以随时进行口语练习,系统能够对学生的发音进行精确的分析和反馈,帮助他们逐步纠正发音问题。教师也可以根据系统提供的数据,更加有针对性地对学生进行辅导,确保每个学生都能够在口语练习中获得个性化的指导。这种智能化的口语教学形式,不仅增加了学生的练习机会,还提高了口语教学的效率。

智能化翻译工具的应用,也在教学内容的呈现中起到了重要作用。通过这些工具,学生可以在翻译练习中获得即时反馈,系统不仅能够提供词汇和语法的正确使用建议,还能够根据上下文语境,帮助学生理解和调整句子的结构和表达方式。这种智能化的翻译辅助,不仅提高了学生的翻译能力,还帮助他们更好地理解语言的灵活性和多样性。教师可以结合这些智能工具,为学生提供更加详细的翻译指导,使得翻译教学变得更加直观和高效。

从教学内容的延展来看,人工智能技术还使得学生能够获得更加个性化的学习资料。以往,教师为全班学生准备统一的学习资料,难以顾及每个学生的个体差异。而通过智能化平台,系统能够根据学生的学习进度、兴趣爱好等,自动推送个性化的学习资源,帮助学生更有针对性地进行学习。教师也可以通过平台,随时为学生推荐额外的学习资料,帮助他们在课外进一步拓展学习内容。这种个性化的学习资料推送机制,增强了学生的学习主动性和学习效果。人工智能技术还改变了英语教学中的互动形式。通过智能化互动平台,学生可以在课堂内外随时进行讨论和交流,平台不仅支持文字互动,还可以通过语音和视频进行实时讨论。这种互动形式,突破了课堂教学的时间与空间限制,使得学生之间的合作学习更加便捷和高效。教师可以通过平台,随时监控学生的讨论进展,给予适当的建议和指导。这种智能化的互动形式,不仅增强了学生的合作能力,还提升了教学内容的应用效果。

人工智能技术还为英语教学内容的定制化提供了强有力的技术支持。系统能够根据学生的个人需求,定制出不同难度的学习材料,无论是基础知识的巩固,还是高阶内容的拓展,系统都可以通过数据分析,精准推送给相应的学生。这种定制化的教学内容,不仅为学生提供了更多的学习选择,还增强了学习内容的灵活性和针对性。教师也可以通过系统,轻松设计个性化的课程内容,帮助学生在更短的时间内掌握知识要点。

随着人工智能技术的不断发展,自动化作业批改系统在英语教学中也得到了广泛应用。这种系统能够根据教学内容的设定,自动批改学生的作业,并生成详细的反馈报告,帮助学生及时了解自己的学习情况。教师通过这些反馈报告,可以更加全面地掌握学生在学习内容中的表现,并及时给予相应的指导和补充。这种自动化作业批改系统,不仅减轻了教师的工作负担,还大大提高了作业批改的效率和精准度。语音识别与自然语言处理技术的结合,为英语教学内容的深度分析提供了新的工具。这些技术能够通过对学生语言表达的分析,提供详细的语法、词汇、语音等各方面的反馈。教师可以根据系统的反馈,了解学生在语言表达中的薄弱环节,并有针对性地进行强化教学。这种智能化的语言分析技术,使得教学内容的呈现更加精细化,也为教师在教学内容上的调整提供了科学的依据。

同时,智能化平台还为教师的教学设计提供了更加灵活的工具。通过这些平台,教师可以随时调整课程内容,添加或删除教学材料,设计更加个性化的学习活动。系统可以根据课程目标和学生的学习情况,自动推荐相关的教学资源,教师只需根据实际需要进行筛选和调整,便可以完成教学内容的设计。这种灵活的教学设计工具,不仅提高了教师的工作效率,也增强了教学内容的丰富性和多样化。智能化评估工具的应用,还帮助教师在教学内容的评估中获得更加全面的数据支持。通过这些工具,教师可以实时了解学生在各个知识点上的掌握情况,并根据学生的表现调整教学内容。这种实时评估的方式,使得教师能够更加精准地设计教学内容,确保每个学生都能跟上课程进度并牢固掌握知识要点。同时,系统还可以生成详细的学习报告,帮助教师了解学生的整体学习表现,并据此调整课程计划。

在这一系列应用中,人工智能技术还通过多模态数据分析,帮助教师更好地优化教学内容。系统可以通过对学生学习行为的分析,识别出教学内容中的关键难点,并为教师提供教学策略建议。教师可以根据系统的建议,调整教学内容的呈现方式和节奏,确保学生能够更好地理解和掌握知识点。这种数据驱动的教学优化，使得教学内容的设计更加科学和合理，也为教学效果的提升提供了技术保障。

三、人工智能对学生学习效果的影响

人工智能技术的广泛应用深刻改变了学生的学习方式，尤其在高校英语教学中，人工智能通过智能化平台和工具，为学生提供了更为丰富的学习资源和个性化的学习体验。随着智能化系统逐渐融入教学，学生的学习效果得到了显著的提升，表现为学习效率的提高、学习习惯的改变以及学习自主性的增强。通过对学生学习行为的大数据分析，人工智能系统能够精准反馈学生的学习进展，帮助他们在学习过程中发现问题并及时解决。

在智能化教学环境中，学生的学习效果变得更加可控。智能系统可以根据学生的学习情况，生成个性化的学习路径和计划，帮助学生以最适合自己的节奏进行学习。每个学生都具备不同的学习需求和能力，传统的教学模式往往难以兼顾，而人工智能通过数据分析，能够动态调整学习内容和难度，确保每个学生都能在适合自己的学习环境中取得进步。这种基于数据的个性化学习方案，显著提高了学生的学习效果，也使学习变得更加灵活和高效。智能化平台提供了丰富的学习资源，帮助学生在学习中获得更多的选择和支持。学生可以根据自己的兴趣和需求，随时查找相关的学习资料，进行自主学习。系统不仅可以推荐适合的学习资源，还可以根据学生的学习进展，自动推送补充材料，帮助学生巩固和扩展所学内容。这种资源的丰富性和灵活性，使得学生的学习效果得到了显著的提升，学习过程变得更加高效和充实。

智能化学习工具的引入，极大地增强了学生的学习自主性。学生可以通过智能化平台，自主安排学习时间和内容，不再依赖于固定的课堂教学。这种自主学习模式，培养了学生的自我管理能力，帮助他们在学习过程中更加主动地参与到知识的构建中。通过智能系统提供的反馈数据，学生可以随时了解自己的学习进展，并根据系统的建议进行调整和改进，从而有效提升学习效果。承接这一点，人工智能还帮助学生在学习过程中建立起更加系统的学习习惯。通过对学生学习行为的持续监测，系统可以自动生成学习报告，帮助学生清晰地了解自己的学习情况，发现学习中的薄弱环节。系统还可以根据这些数据，自动生成个性化的学习计划，帮助学生更加有针对性地进行学习。这种系统化的学习过程，帮助学生逐步养成良好的学习习惯，提升学习效果的同时，也提高了学生的学习效率。

另外，人工智能技术还通过实时反馈机制，帮助学生在学习中及时纠正错误。传统的学习过程中，学生往往要等到考试结束或作业批改完毕后，才能知道自己在哪些知识点上存在问题，而智能系统可以在学生完成任务的同时，立即反馈学习效果，指出学生的错误和不足。这种即时反馈机制，不仅帮助学生更快地纠正错误，也使学习效果得到了即时的提升，学生的知识掌握更加扎实。再者，人工智能系统还能帮助学生提高在语言运用中的实践能力。通过语音识别和自然语言处理技术，系统可以帮助学生在口语练习中获得即时反馈，纠正发音、语法和表达方式上的错误。学生可以通过这些智能工具，随时随地进行语言练习，系统会根据其表现提供详细的反馈建议。这种个性化的练习方式，使得学生在语言学习过程中获得了更多的实践机会，语言应用能力得到了显著提高。

人工智能还通过多模态的学习方式，帮助学生延伸学习的深度与广度。传统的教学多依赖于文字和板书，而人工智能化平台通过整合视频、音频、动画等多种形式的学习资源，使得学生能够通过多种感官参与到学习中来。这种多样化的学习形式，不仅丰富了学生的学习体验，也使学习内容变得更加生动有趣，帮助学生更好地理解和掌握复杂的知识点，学习效果得到了全面提升。更进一步，智能化平台还通过数据驱动的教学方式，帮助学生制订更加科学合理的学习计划。系统可以根据学生的学习进展，自动调整学习任务的难度和广度，帮助学生在适当的挑战中提升学习水平。学生可以根据系统的建议，选择合适的学习内容，确保学习效果最大化。这种数据驱动的学习方式，不仅增强了学习的精准性，也提高了学生在学习中的自信心和成就感。

从另一个角度看，人工智能还通过协作学习平台，帮助学生在合作中提升学习效果。智能化平台能够支持学生之间的在线讨论和小组合作，学生可以通过平台进行实时互动和合作学习，分享学习成果和经验。教师可以通过平台监控学生的合作进展，并给予适当的指导和建议。这种基于平台的合作学习模式，不仅提升了学生的合作能力，也增强了他们在学习过程中的互动性，学习效果因此得到进一步提升。人工智能技术在翻译教学中的应用，也帮助学生提高了语言转换和跨文化理解的能力。智能翻译工具能够根据学生的翻译练习，提供即时反馈和改进建议，帮助学生更好地理解语言之间的差异和表达方式的多样性。教师可以结合这些智能工具，为学生设计更加多样化的翻译任务，帮助学生在实践中提升语言转换能力。这种智能化的翻译辅助，不仅提高了学生的翻译水平，也增强了他们在跨文化交流中的语言运用能力。

人工智能技术还通过虚拟现实技术，帮助学生在模拟环境中进行语言学习。通过虚拟现实场景的设置，学生可以在模拟的真实情境中进行语言对话和交流练习。这种沉浸式的学习方式，极大地增强了学生的语言应用能力，帮助他们在实际生活中更加自如地运用所学语言。虚拟现实技术为学生提供了更多的实践机会，使得他们能够在语言学习中获得更加真实的体验，学习效果得到了显著的提高。在此基础上，智能化平台还帮助学生在学习过程中获得更加持续的学习支持。学生在学习中遇到问题时，可以通过智能助手随时获得解答。系统能够根据学生的提问，自动生成相应的解答建议，帮助学生及时解决学习中的问题。这种即时学习支持机制,增强了学生的学习信心,使得他们能够更加积极地参与到学习中来,学习效果因此得到了有效的提升。

人工智能技术还通过智能评估系统,帮助学生更加清晰地了解自己的学习进展。系统能够通过对学生学习行为的分析,生成详细的学习报告,帮助学生发现自己的优点和不足。这种评估方式,不仅让学生更加全面地了解自己的学习情况,也帮助他们在学习中及时调整学习策略,确保学习效果的持续提升。通过这些智能评估工具,学生在学习中的每一个进步都能够得到及时的反馈和认可,学习效果更加显著。另外,人工智能还通过自动化作业批改系统,帮助学生在学习过程中获得更加详细的作业反馈。系统能够根据学生的作业表现,自动生成反馈报告,指出学生在知识掌握中的薄弱环节,并提供改进建议。教师也可以根据系统提供的数据,进行有针对性的辅导和教学调整。这种自动化作业批改系统,不仅提高了作业批改的效率,也使得学生能够更快地了解自己的学习问题,并及时改进学习策略,学习效果因此得到了进一步提升。

人工智能化平台还帮助学生在学习中获得更加个性化的学习建议。系统可以根据学生的学习进展,自动推荐适合的学习材料和复习计划,帮助学生在学习中更加有针对性地进行复习和巩固。这种个性化的学习建议,增强了学生的学习效果,使得他们能够更加精准地掌握所学知识,并在实际应用中获得更好的学习成果。教师也可以通过这些个性化的学习建议,帮助学生制订更加合理的学习计划,确保每个学生都能够在学习中获得最大化的收获。值得注意的是,人工智能技术还通过数据分析,帮助学生更好地了解自己在学习中的表现和进步。系统可以通过对学生学习数据的分析,生成学习进度报告,帮助学生清晰地看到自己在学习中的每一个进步。这种数据驱动的学习反馈,不仅增强了学生的学习信心,也激励他们在学习中更加努力。通过系统提供的详细数据,学生可以更加直观地了解自己的学习表现,并根据反馈数据进行调整和改进,学习效果因此得到了有效提升。

在人工智能技术的推动下,高校英语教学正经历着深刻的变化。智能化工具的广泛应用不仅改变了教师的教学方式,也重新定义了学生的学习过程。通过智能系统的数据分析和反馈,教学内容得以更加个性化和精准化,学生的学习效率显著提升。与此同时,教学形式的多样化为学生提供了更加丰富的学习体验,教师与学生的互动也变得更加灵活和高效。无论是在课堂内外,人工智能技术都为教学的各个环节带来了全新的可能性,使得师生之间的关系更加紧密。可见人工智能在教育领域的深度融合,使高校英语教学朝着更加精细化、多元化的方向发展。

第二章　人工智能时代高校英语教学改革的必要性

随着信息技术的飞速发展，人工智能正逐步改变各个行业的运作模式，教育领域也不例外。高校英语教学作为人才培养的重要环节，面临着前所未有的挑战和机遇。在传统教学模式下，学生的个性化需求难以得到充分满足，教学内容的形式和手段也存在着局限性。人工智能的引入为这一局面带来了新的转机，不仅推动了教学效率的提升，还为教学改革提供了技术支持。借助智能化工具，教师能够更加精准地掌握学生的学习情况，学生也能够获得更加多样化的学习体验，从而推动高校英语教学进入全新的发展阶段。

第一节　当前高校英语教学的瓶颈与挑战

在现代社会的不断变化中，高校英语教学的现有模式正面临着诸多新的挑战。虽然传统的教学方法在一定程度上为学生提供了基础的语言技能，但随着全球化进程加快和学生需求的多样化，现有的教学模式暴露出效率低下、个性化不足等问题。尤其在应试压力和教学资源不均的影响下，许多学生在语言实际应用能力和跨文化交际能力上表现出明显不足。这些困境使得当前的高校英语教学急需寻找新的突破口,以适应学生和社会的双重需求。

一、传统教学模式的弊端

高校英语教学肩负着培养学生英语综合应用能力的重任。然而,长期以来,受传统教育观念和应试导向的影响,高校英语教学模式呈现出种种弊端,严重制约了教学质量的提升。教学方式单一、师生互动不足、教学内容陈旧脱节等问题,已成为阻碍学生英语能力发展的"绊脚石"。这些弊端根源复杂,既有观念层面的局限,也有方法路径的失当,亟须变革与重构。

(一)教学方式单一,缺乏互动性

传统的高校英语教学方式以"满堂灌"为主,教师在课堂上占据绝对的主导地位,学生则被动地接受知识灌输。在这种"一言堂"式的教学模式下,教师与学生之间缺乏有效的互动与交流,课堂气氛沉闷,学生参与感不强,学习积极性难以调动。这种单向度的知识传授方式,忽视了语言学习的交际性和实践性,难以培养学生的语言应用能力。

"填鸭式"教学模式的流行,很大程度上源于应试教育的导向。在考试成绩至上的压力下,很多教师为了提高学生的考试成绩,不得不将大量时间和精力投入到题海战术和考点讲解上。然而,死记硬背的语法知识和应试技巧,并不等同于真正的语言能力。脱离实际语境的机械训练,虽然能在短期内提高学生的考试分数,但无助于学生运用英语进行有效交流。

单一的讲授模式也挫伤了学生的学习兴趣。课堂教学缺乏互动与趣味性,学生被动听讲,难以形成参与感和成就感,学习动机自然难以维持。尤其是在当下信息技术高度发达的时代,单纯的讲授模式已难以吸引数字原住民的注意力。如果教学方式不能与时俱进,激发学生的学习热情,再好的教学内容也难以收到预期的效果。

缺乏实践锻炼的机会，是制约学生英语应用能力提升的另一大障碍。语言学习需要在实际运用中内化和强化，单纯的课堂讲授和练习远远不够。然而，在传统教学模式下，学生缺乏开口表达和实践应用的机会。课堂互动不足，课后练习以机械重复为主，学生无法将所学知识迁移到真实的语言交流中，导致"哑巴英语"的盛行。

教师与学生之间缺乏情感交流，也是传统教学方式的一大弊病。在应试压力和课时限制下，教师往往将更多精力放在知识灌输上，而忽视了师生间的人文关怀。缺乏亲和力的教师很难走进学生内心，了解他们的学习需求和心理状态。情感交流的缺失，不仅影响了师生关系，也削弱了学生的学习内驱力，难以形成良性的教学互动。造成教学方式单一的另一原因，在于教学手段和资源的匮乏。多媒体技术的引入，在一定程度上丰富了教学形式，但在许多课堂上，多媒体还只是"电子黑板"，并未真正发挥其互动性和多样性的优势。同时，优质的英语学习资源分布不均，尤其是听说类的实践资源更是奇缺，这也在客观上制约了教学形式的丰富性。当然，突破单一教学方式的局限，不能简单依靠技术手段，更需要教学理念的更新。培养学生的语言综合运用能力，需要构建以学生为中心、注重实践应用的教学新模式。教师要主动转变角色，由知识的传授者转变为学习的引导者和促进者，营造平等、开放、互动的课堂氛围。

（二）教学内容陈旧，难以满足学生需求

高校英语课程内容陈旧、更新迭代缓慢，已成为制约教学有效性的另一大"绊脚石"。当前，不少高校仍沿用多年未变的教材和教学大纲，教学内容脱离学生实际需求，难以引发学习兴趣，也无法满足时代发展对英语人才的新要求。惯性思维下的教学内容设置，已成为英语教学创新的"桎梏"，需要变革。

教材内容与时代发展脱节，是教学内容陈旧的集中体现。在知识高度更新的时代，英语教材却鲜有革新。许多教材选文老套，话题陈旧，难以引起学生的共鸣。部分高校盲从应试导向，片面追求与考试内容的契合，而忽视了教材内容的前沿性和实用性。这种脱离时代发展的教材设置，既无法满足学生对新鲜知识的渴求，也难以反映英语学科的最新发展。

单一化、碎片化的教学内容，难以激发学生的学习兴趣。许多英语课程过于注重语言知识点的讲解，缺乏对语篇、语境、文化等内容的关照，割裂了语言学习的整体性和系统性。同时，教学内容选材面狭窄，体裁单一，难以满足学生多元化的学习需求。这些零散化、碎片化的知识点罗列，既缺乏内在的逻辑关联，也难以引发学生的情感共鸣，导致学习动机和学习效果大打折扣。

教学内容与学生的专业学习和未来发展需求脱节，是另一个亟待解决的问题。许多高校的英语课程仍停留在通识教育层面，与学生的专业方向联系不紧密。通用英语的学习固然重要，但更需注重英语在专业学习和职业发展中的应用。缺乏特定学科语境的英语学习，难以满足学生在专业领域进行国际交流、文献阅读、学术写作等方面的实际需求，也无法充分调动学生的学习积极性。此外，教学内容缺乏层次性和针对性，也是造成学习效果不佳的重要原因。学生的英语基础和学习需求存在较大差异，但许多课程采取"一刀切"的教学模式，没有根据学生的实际水平和特点进行分层教学。这种忽视个体差异的做法，导致教学内容对部分学生而言过于简单，缺乏挑战性；而对另一部分学生而言却过于困难，难以跟上学习进度。因材施教的缺失，不仅影响了教学效果，也打击了学生的学习信心。

造成教学内容陈旧的原因，既有观念层面的局限，也有制度层面的掣肘。一些教师墨守成规，安于现状，缺乏教学创新的意识和动力。同时，学校在教学质量评估和教师考核中，往往重结果、轻过程，重硬指标、轻内涵建设，这也在无形中抑制了教师探索教学新内容、新方法的积极性。此外，英语教学大纲修订周期过长，灵活性不足，难以及时反映学科发展动态和人才培养需求，也是造成教学内容滞后的客观原因。破除教学内容陈旧的困局，需要在课程设置、教材建设、教学组织等方面进行系统性变革。课程内容设置要加强前瞻性和实用性，既要反映英语学科前沿，又要紧密结合学生专业发展需求，构建全方位、多层次、有特色的课程体系。教材建设要科学规划、动态更新，在扎实的语言基础训练之外，增加跨文化交际、学术英语、职场英语等实用模块，提高教材的启发性和时代性。教学组织要因材施教，采取分层教学、模块教学等灵活多样的教学形式，最大限度地满足不同学生的个性化需求。

二、教学资源的不均衡性

高校英语教学资源的不均衡分布，已成为制约教学质量提升的又一关键因素。优质教育资源的稀缺与分配失衡，导致不同地区、不同院校间的英语教学水平差距日益拉大。这种教学资源的失衡，不仅影响了教育公平，也制约了学生英语能力的全面发展。缩小资源鸿沟，实现优质资源共建共享，已成为高校英语教学变革的当务之急。

优秀的英语教师集中在少数重点高校，而广大地方院校、民办高校则面临师资力量不足的困境。师资短缺不仅体现在数量上，更体现在质量上。部分高校的英语教师学历层次不高，缺乏海外学习和进修经历，教学理念陈旧，专业发展动力不足。这种师资力量的参差不齐，直接影响了教学质量的稳定性和均衡性。

多媒体教室、语音实验室等现代化教学设施，是开展信息化教学和实践教学的重要载体。然而，受限于办学条件和投入力度，许多高校的教学硬件设施建设滞后，数量不足，更新缓慢，配置参差不齐。教学设施的落后，客观上限制了教学方法和教学手段的创新，影响了学生的学习体验。

数字教育资源建设和应用的失衡，是教学资源分配不均的另一个维度。在线课程、慕课等优质数字资源主要集中在少数高校和发达地区，而广大高校尤其是中西部地区高校，在数字资源的开发与应用上还存在较大差距。资源禀赋的差异，导致不同院校学生获取优质学习资源的机会不平等，数字鸿沟对教育公平构成了新的挑战。

目前，具有前瞻性、实用性和针对性的英语教材仍然稀缺，尤其是缺乏体现学科前沿、紧密结合学生专业需求的系列化教材。同时，科学完善的测评体系和测评工具也有待进一步开发，难以为教学诊断和改进提供有力抓手。教学资源质量的参差不齐，在一定程度上制约了教学内容和教学评价的创新。

地区间经济发展水平和教育投入力度的差异，是优质教育资源分布不均的客观基础。发达地区高校凭借其雄厚的经济实力和人才优势，在师资引进、设施建设、资源开发等方面具有先天优势，而欠发达地区高校则面临资金和人才的双重制约。同时，高校间发展定位和办学理念的差异，也在一定程度上影响了资源配置。部分高校重科研、轻教学，英语教学地位边缘化，缺乏持续稳定的资源投入。此外，高校间缺乏资源共享的机制和意识，也加剧了资源分配的失衡。许多高校重"建"轻"用"，重"占有"轻"共享"，数字资源、硬件设施等存在重复建设和闲置浪费现象。优质资源封闭、割裂的局面，不仅造成了资源利用效率低下，也加深了校际间的教学鸿沟。缺乏统筹规划和系统设计，资源建设碎片化，缺乏集成应用，也是资源效能发挥不充分的重要原因。

教学资源的不均衡已成为高校英语教学公平与卓越的掣肘。缩小资源鸿沟，促进优质资源共建共享，需要政府、高校、社会多方协同发力。政府要加大对教育的投入力度，完善资源配置政策和激励机制，引导和支持欠发达地区高校加强资源建设。高校要转变发展理念，树立开放共享意识，加强校际协作，推进资源的共建共享。社会企业和公益组织也要积极参与，为高校英语教学资源建设贡献智慧和力量。

现代信息技术的发展，为缩小资源鸿沟、促进优质资源普惠共享带来了新的机遇。云计算、大数据等技术的应用，使得优质教育资源的低成本复制和广泛共享成为可能。高校应抓住技术变革的有利时机，加快推进数字化转型，借力在线教育平台，实现优质资源的"云共享"，通过网络课程、在线学习共同体等方式，突破时空限制，让每一名学生都能享受到优质教育资源。

三、学生英语学习兴趣与效果的现状

学生英语学习兴趣和效果的提升，是高校英语教学改革的重要目标。当前，学生英语学习动机普遍不足，课堂参与度不高，学习内容理论化等问题日益凸显，严重制约了教学效果的提升。学习内驱力的缺失、师生互动方式的单一、教学内容的脱离实际等，已成为影响学生学习积极性的关键症结。如何激发学生内在学习动机，创新课堂互动模式，优化教学内容供给，是突破学生学习"瓶颈"的关键所在，也为教学改革提供了新的思路。

（一）学习内驱动力

学习动机是学生英语学习的内在驱动力。许多学生将英语学习视为应试的工具，缺乏学以致用、提升能力的主动意识。过于功利化的学习态度，导致学生在英语学习上投入不足，缺乏探究创新的热情。究其原因，与应试教育的负面影响密不可分。长期以来，我国英语教学受应试导向影响较深，过度强调考试成绩，忽视了学生学习兴趣的培养和实践能力的提升。这种"教师主导、学生被动"的学习方式，容易让学生产生厌倦和排斥心理，内在学习动力难以持续。

外部环境对学生学习动机的影响不容忽视。家庭、社会等外部因素在很大程度上影响着学生的学习态度和动力。部分学生来自英语学习氛围薄弱的家庭，

缺乏良好的语言学习习惯和持续学习动力。同时，社会环境中功利化、短视化的价值取向，也潜移默化地影响着学生的学习动机。一些学生盲目追随社会的功利导向，看重英语等级证书等"敲门砖"，而忽视了语言学习的内在价值和终身受益。外部环境的负面影响，进一步削弱了学生的内在学习驱动力。教学内容和方式的不适切，也在一定程度上挫伤了学生的学习积极性。部分高校英语课程内容陈旧乏味，脱离学生实际需求，难以引发学习兴趣。单一、枯燥的教学方式，缺乏情境创设和实践锻炼，学生难以从中体验到语言学习的乐趣。教学内容和教学形式的欠缺，无形中加剧了学生的学习倦怠感，进一步削弱了学习主动性。

学习自我效能感的缺失，是制约学生内驱力提升的又一重要因素。学习自我效能感是学生对自身学习能力的主观感受和评价，对学习动机具有重要影响。部分学生英语基础薄弱，在学习过程中频频受挫，难以获得成就感，进而产生自我怀疑和否定。学习自我效能感的缺失，严重削弱了学生的学习自信心和内驱力。同时，缺乏科学的自主学习方法指导，也让一些学生在英语学习中无所适从，进一步加剧了挫败感。

（二）课堂互动方式

教师主导、学生被动接受的互动模式，是制约学生英语学习积极性的重要因素。长期以来，不少高校英语课堂仍以"满堂灌"为主，教师连续讲授，很少给学生表达和实践的机会。这种单向灌输式的课堂互动，忽视了学生的主体地位和个性化需求，难以调动学生参与的积极性。学生在被动接受知识的过程中，很容易产生厌倦和疲惫感，参与课堂的主动性日益低下。教学互动的单向性，无形中成为学生学习积极性的"绊脚石"。

师生情感交流的缺失，也在很大程度上影响了课堂互动的质量。情感是师生互动的润滑剂，教师对学生的关爱和鼓励，能极大地激发学生参与互动的热情。然而，在应试压力和课时限制下，部分教师将大量精力投入知识传授，而忽视了对学生情感需求的关注。师生间缺乏平等、真诚的情感交流，学生的疑虑和困惑难以得到及时回应，参与互动的意愿也随之降低。课堂氛围的冷清，进一步加剧了学生的疏离感。

生生互动不足，是影响课堂活力的另一大原因。学生是课堂互动的主体，生生互动对于激发思维碰撞、促进协作学习具有重要意义。然而，在传统的教师主导模式下，学生缺乏开展讨论、合作的机会。小组合作、成果分享等互动环节的缺失，导致学生难以在平等交流中获得思维激荡和同伴支持，参与热情也随之降低。生生互动的不足，在无形中抑制了学生表达己见、积极思考的意愿。

互动内容和方式的单调化，也在一定程度上制约了学生的参与度。部分课堂互动流于形式，缺乏与教学内容的有机融合。生硬的提问、机械化的小组讨论等，难以引发学生的思考兴趣。互动内容缺乏时代性和趣味性，难以满足学生多元化的表达需求。同时，互动方式单一，缺乏头脑风暴、角色扮演等多样化形式，也让学生产生审美疲劳。互动内容和形式的单调乏味，无疑进一步加剧了学生的倦怠感。

（三）学习内容理论化

学习内容的理论化倾向，是影响学生英语学习兴趣的重要因素。当前，不少高校英语课程仍偏重语法、词汇等语言知识的讲解，而忽视了语言运用能力的培养。这种重理论、轻实践的学习内容，难以满足学生在真实语境中运用语言的需求。理论化的学习内容脱离实际，学生难以从中感受到语言学习的实用价值，学习热情自然难以持续。学习内容的理论化，在无形中成为学生学习兴趣的"紧箍咒"。

知识本位的内容导向，在一定程度上加剧了学习的枯燥乏味。部分英语课程过于注重语言知识的灌输，忽视了语言学习的工具性和人文性特点。单纯强调词汇量、语法规则等，而缺乏对语言内涵、文化背景的挖掘，难以引发学生的情感共鸣。知识本位的内容导向，割裂了语言学习的完整性和系统性，学生难以体会到语言之美，学习热情自然难以高涨。内容的枯燥乏味，无疑成为学生学习兴趣的"撒手锏"。

内容选材的陈旧性，也在很大程度上影响了学生的学习热情。部分高校英语教材选文陈旧，脱离时代发展，难以反映社会生活的新变化、新风貌。陈旧的话题内容，不仅难以引起学生的共鸣，也无法满足学生对新鲜事物的好奇心。同时，内容形式单一，缺乏多样化的体裁和话语方式，也让学生产生审美疲劳。内容选材的陈旧性，也影响了学生的学习热情。

学习内容与专业需求脱节，也在一定程度上制约了学生的学习积极性。大学英语作为面向全校的通识课程，与学生的专业学习联系不够紧密。普适性的教学内容，难以满足不同专业学生的特定需求。学生难以在英语学习中感受到学以致用的价值，参与热情自然难以调动。学习内容与专业实践、未来职业发展的疏离，无疑成为学生学习兴趣的"绊脚石"。学习内容的针对性和实用性不足，在客观上制约了学生学习积极性的提升。

第二节　人工智能推动教学改革的需求

在当今技术驱动的时代，教育领域的变革逐渐成为各国关注的焦点。随着人工智能技术的不断成熟，教育模式也在发生深刻的变化。高校英语教学不仅需要适应社会对语言能力的更高要求，还需应对信息技术快速发展带来的挑战。人工智能的引入，正在改变传统教学的局限性，推动教学内容、方式以及评价体系的更新。高校在这一背景下，面临着如何运用技术提升教学质量、满足学生个性化需求的迫切任务。

一、个性化教学的需求

在当前高校英语教学中，学生之间的差异性越来越显著，无论是在学习能力、兴趣爱好，还是学习目标上，每个学生的需求都变得更加多样化。然而，传统教学模式往往难以照顾到这些个体差异，教学进度和内容的统一性使得许多学生在课堂上难以找到适合自己的学习节奏和方向。这个时候，个性化教学的需求越发凸显，尤其是在人工智能技术的发展背景下，个性化的教学模式已然成为一种可能。

很多学生在英语学习过程中面临着不同的问题。有的学生基础较为薄弱，跟不上课程的进度；有的学生语言能力较强，却难以在现有课程中找到挑战。而传统教学中，教师往往只能照顾到中等水平的学生，不能根据每个学生的学习需求调整教学内容。这种"齐步走"的方式，不仅让基础薄弱的学生感到吃力，也让能力较强的学生失去了继续提升的动力。个性化教学需求的迫切性，就在于如何让每一个学生都能在自己的节奏中找到学习的乐趣和成就感。针对不同的学生，个性化教学应该做到的不仅仅是简单地放慢或加快教学进度。个性化教学的核心在于了解每个学生的学习特点，根据他们的需求调整教学内容和教学方式。一个基础较差的学生，可能需要更多的基础知识巩固和重复练习；而一个语言能力较强的学生，则可能需要更多的扩展内容和应用场景。这种因材施教的方式，能够让每个学生都在适合自己的学习路径上前进，避免了"一刀切"式的教学给学生带来的压力。

学生的学习兴趣和动机也是个性化教学需要关注的重要方面。不同的学生对英语学习有着不同的兴趣点，有的学生更喜欢通过阅读理解掌握语言，有的学生则更倾向于通过听说练习提高语言应用能力。而个性化教学能够根据学生的兴趣和学习风格，提供更适应他们需求的学习资源和活动。通过将学习内容与学生的个人兴趣结合起来，个性化教学可以大大提高学生的学习动机，使他们在学习过程中更加投入。承接这一点，个性化教学还需要关注学生的学习方式。每个学生的学习方式都有所不同，有的学生习惯于通过大量的练习和重复巩固来掌握知识，有的学生则更喜欢通过讨论和互动来理解和应用所学内容。而传统课堂上的教学方法过于单一，难以满足所有学生的学习需求。而人工智能技术的引入，可以根据学生的学习数据，分析出他们更适合哪种学习方式，从而为教师提供建议，帮助教师为每个学生设计出最适合他们的学习方法。

同时，个性化教学的需求还体现在学生学习节奏的不同。许多学生在学习过程中表现出明显的节奏差异，有的学生能够快速掌握新知识，有的学生则需要更多的时间进行消化和理解。在传统教学中，教师往往按照固定的时间和进度推进课程，无法灵活调整节奏，导致一些学生跟不上课程进度，而另一些学生则感到课堂内容过于简单。这种教学进度的统一性，严重影响了学生的学习效果。而通过人工智能技术，教师可以为每个学生制定不同的学习节奏，确保他们都能在适合自己的时间内完成学习任务。另外，个性化教学还能够帮助学生在学习过程中获得更多的反馈。传统课堂上，教师往往只能在作业或考试后给出反馈，而这些反馈往往无法及时帮助学生解决问题。而人工智能技术能够通过实时监测学生的学习情况，随时提供反馈和建议，帮助学生在学习过程中不断改进。这种即时反馈的机制，不仅能够大大提高学生的学习效率，也能让学生在学习过程中更有方向感和成就感。

个性化教学还体现在对学习资源的差异化需求上。不同的学生在学习过程中需要不同的学习材料和资源，才能更好地适应他们的学习风格和需求。而传统的教材和课程设计往往较为固定，无法为每个学生提供适合他们的学习资源。而通过人工智能技术，教师可以为学生推荐更加个性化的学习资源，根据学生的学习水平、兴趣爱好和学习进度，为他们提供有针对性的学习材料，帮助他们更好地掌握知识。学生在学习过程中，往往会因为学习压力、考试焦虑等情感因素影响到学习效果。而传统教学模式中，教师很难顾及每个学生的情感需求，无法在课堂上为他们提供情感上的支持。而通过人工智能技术，教师可以更加全面地了解学生的情感状态，及时为他们提供心理支持和疏导，帮助他们在情感上得到安抚，从而更加专注于学习任务。

在教学评估上，个性化教学的需求也变得越来越明显。传统的考试和测评方式，往往只能反映出学生对某一阶段知识点的掌握情况，无法全面评估学生的学习能力和潜力。而个性化教学的评估方式应该是多维度的，既要考虑学生的学习进度，也要关注他们的语言应用能力、思维发展以及合作能力等。借助人工智能技术，教师可以通过对学生日常学习数据的分析，为学生提供更加全面和个性化的评估报告，帮助他们了解自己的学习优势和不足，制订更加合理的学习计划。不同的学生在课堂上参与互动的方式和程度各不相同，有的学生更加擅长表达和交流，有的学生则可能在公开场合感到不安和拘束。而传统课堂中的互动形式往往较为单一，无法充分考虑到每个学生的个性和需求。通过个性化教学，教师可以设计不同的互动方式，为每个学生创造适合他们的参与机会，鼓励他们在课堂上大胆表达和交流，从而提高他们的语言运用能力和自信心。

个性化教学还需要解决学生在学习过程中遇到的认知差异问题。每个学生对语言学习的理解和接受能力不同，教师在课堂上很难做到对每个学生的认知差异进行关注。而个性化教学能够根据学生的认知能力和学习水平，设计出更加符合他们认知特点的学习任务，帮助他们逐步提升自己的学习能力。在这种模式下，学生的学习将不再是被动的知识接受过程，而是一个根据自身认知发展进行主动探索的过程。从课堂管理的角度来看，个性化教学还能够帮助教师更好地掌握学生的学习状态。传统课堂中，教师难以实时监控每个学生的学习情况，学生在课堂上的表现往往无法及时反映出他们的真实学习状态。而通过人工智能技术，教师可以随时监控学生的学习进度和表现，根据学生的学习数据调整教学策略和教学内容，确保每个学生都能得到个性化的关注和支持。

传统课堂中，学生的参与度往往较低，尤其是在大班教学中，教师很难让每个学生都积极参与到课堂讨论中来。而通过个性化教学，教师可以根据学生的兴趣和学习风格，设计出更加适合他们参与的课堂活动，鼓励他们在课堂上积极发言和讨论。这种参与感的增强，不仅能够提高学生的学习效果，也能帮助他们在学习过程中获得更多的成就感和自信心。在学习目标的设定上，个性化教学也能够为学生提供更灵活的选择。不同的学生对英语学习的目标各不相同，有的学生希望通过英语学习提高语言应用能力，有的学生则希望通过学习取得高分。而传统课堂的教学目标往往是统一的，难以照顾到学生的个体差异。而通过个性化教学，教师可以根据每个学生的学习目标，帮助他们制订不同的学习计划和任务，确保每个学生都能朝着自己的目标前进。

不同的学生对英语学习有着不同的兴趣点，有的学生喜欢文学作品中的语言魅力，有的学生则对职场英语充满兴趣。而传统课堂中，教材和课程内容的设计往往难以满足所有学生的兴趣需求。通过个性化教学，教师可以根据学生的兴趣爱好，为他们提供更加贴近他们需求的学习资源和内容，激发他们的学习兴趣，帮助他们在学习过程中更加主动和积极。在学习压力的管理上，个性化教学也能够为学生提供更好的支持。许多学生在英语学习中面临着考试压力和语言表达上的焦虑，传统课堂中的统一教学进度和考核标准，往往加重了他们的学习负担。而通过个性化教学，教师可以根据学生的学习状态，调整他们的学习任务和压力，帮助他们在合适的压力下进行学习，避免过度的焦虑影响到学习效果。

二、提高教学效率与质量的需求

在当前高校英语教学中，教学效率和质量的提升是一个亟待解决的问题。传统的教学模式虽然在传授知识方面具有一定的优势，但面对日益复杂的教学环境和学生个体需求的多样性，其弊端也逐渐显露。教学过程中的时间浪费、资源利用不均、师生互动不足等因素，严重影响了教学的效果。在这一背景下，如何通过技术手段提升教学效率与质量，成为教育领域的重要议题。

人工智能技术的引入为解决这一问题提供了新的可能。通过智能化系统的辅助，教师可以更加精准地掌握学生的学习情况，从而优化教学内容和教学进度。智能化平台能够实时监测学生的学习数据，根据每个学生的表现，提供个性化的学习建议，帮助他们及时弥补知识上的不足。这样的数据支持，使教师不再依赖于传统的经验式教学，而是能够根据具体的学习反馈，调整课堂内容和形式，从而大幅提升教学效率。与此同时，人工智能技术还可以帮助教师减轻在课堂管理中的工作负担。以往，教师需要花费大量的时间在备课、批改作业和管理学生的学习进度上，这些重复性工作不仅耗费了教师的精力，也降低了教学效率。人工智能系统可以通过自动化的方式，帮助教师处理这些琐碎的任务。比如，系统可以自动生成个性化的作业，按照学生的学习水平进行题目难度的调整，并在作业提交后自动批改。教师可以通过系统生成的学习报告，直接了解学生的学习效果，而无须手动批阅大量的作业。

这不仅大幅提高了教学效率，也让教师有更多时间专注于教学内容的设计和课堂的互动。

此外，教学中的资源分配问题也可以通过人工智能技术得以解决。在传统课堂中，教师和学生能够接触到的学习资源相对有限，尤其在一些教学条件较为落后的学校，优质资源的匮乏影响了教学质量。而通过智能化平台，优质的教学资源可以被广泛共享，无论学生身处何地，都可以通过在线平台获得同样高质量的学习材料。系统还可以根据学生的学习情况，自动推送适合他们的学习资料，帮助他们更加有效地进行自主学习。这种资源的优化配置，不仅提升了教学的质量，也让学生在学习中能够更加主动和高效。人工智能技术还可以显著提高师生之间的互动频率和质量。传统的课堂互动往往受到时间和人数的限制，教师难以兼顾每个学生的参与，许多学生在课堂中处于"沉默"状态，难以获得表达的机会。而通过智能化平台，教师可以实时获取每个学生的学习状态，并根据学生的表现进行有针对性的提问和指导。系统可以自动识别学生在学习过程中遇到的问题，并及时提醒教师进行干预和帮助。这种基于数据分析的互动机制，使得课堂不再是单向的知识传递，而是一个双向互动的过程，学生的学习积极性和参与度因此得到了极大提升。

人工智能技术还在教学评估中发挥了重要作用。以往的教学评估主要依赖于考试成绩和作业表现，这种单一的评价方式难以全面反映学生的学习能力和学习进度。通过人工智能系统，教师可以获得更多维度的学生学习数据，包括学生的学习时长、学习频率、知识点掌握情况等。这些数据能够帮助教师更加精准地评估学生的学习效果，从而调整教学策略，确保每个学生都能得到适合自己的教学支持。通过这种基于数据的评估方式，教学效率和质量得到了显著提升。不仅如此，人工智能技术的引入还改变了教学内容的呈现方式，使课堂教学更加丰富和多样化。传统的课堂教学多依赖于板书和课件，教学内容的呈现方式相对单一，难以激发学生的学习兴趣。而通过人工智能化平台，教师可以使用多种媒体形式来呈现教学内容，例如通过视频、动画、模拟实验等方式，使得抽象的知识点更加生动形象。学生通过这些多感官的学习体验，不仅能够加深对知识的理解，还能在互动式的学习活动中提高自己的学习效果。这种丰富的教学形式，有效提升了教学的质量和学生的学习体验。

人工智能还可以帮助教师更好地进行课堂管理。传统课堂上，教师通常需要同时管理几十名学生，难免会出现管理上的疏漏。比如，学生的学习状态无法被及时发现，课堂纪律难以有效控制。而智能系统可以通过对学生学习行为的实时监测，帮助教师及时了解每个学生的学习状态，并自动生成管理报告。这种智能化的管理方式，使得教师可以更高效地管理课堂，确保教学活动的顺利进行，也提升了整体教学的质量。传统教学流程往往是固定的，教师按照既定的教学计划依次讲授知识点，难以根据学生的实际学习进展进行灵活调整。而通过智能化平台，教师可以根据学生的学习数据，随时调整教学进度和内容。比如，当系统发现某个班级的学生在某一知识点上普遍表现不佳时，教师可以根据系统的建议，增加该部分内容的讲解或安排更多的练习题。这种动态调整的教学流程，不仅提高了课堂的教学效果，也让学生在学习过程中感受到更多的针对性和个性化。

从长期来看，人工智能技术还可以帮助教师进行更加系统的教学设计。以往，教师的教学设计往往依赖于经验和课本内容，缺乏科学的依据。而通过对学生学习数据的持续分析，教师可以根据系统提供的报告，了解哪些教学方法最为有效，哪些教学内容最受学生欢迎，从而优化自己的教学设计。通过这种数据驱动的教学设计，教师可以更加有效地安排教学时间和资源，提升教学的整体质量和效果。人工智能还通过智能助手的形式，为学生提供了更多的学习支持。在传统教学中，学生在课堂之外的学习往往得不到足够的支持，特别是在学生遇到问题时，教师无法及时给予帮助。而通过智能助手，学生可以在任何时候向系统提出问题，系统会根据问题的类型，自动生成解答建议，帮助学生解决学习中的疑难杂症。教师也可以通过智能助手的反馈数据，了解学生在自主学习中的问题，并在课堂上进行有针对性的讲解。这种全天候的学习支持机制，极大地提高了学生的学习效率，也提高了教学的质量。

从教学内容的丰富性来看，人工智能技术还推动了跨学科教学的融合。通过智能化平台，教师可以将英语学习与其他学科的内容结合起来，设计出更加综合性和实际应用性强的教学活动。比如，教师可以通过智能化平台引入其他学科的素材，让学生在学习英语的同时，掌握跨学科的知识。这种跨学科的教学模式，不仅拓宽了学生的知识面，也提升了教学的质量和实用性。同时，人工智能技术的应用还推动了课堂教学与课外学习的无缝衔接。传统的课堂教学往往仅限于课堂时间内，学生在课后的学习很难得到教师的有效指导。而通过智能化平台，教师可以为学生制订详细的课后学习计划，并通过系统监控学生的学习进度，确保学生在课后也能保持良好的学习习惯。这种课内外结合的学习模式，不仅提高了学生的学习效率，也提升了整体的教学质量。

人工智能还可以通过虚拟现实技术，提供更加生动的学习场景。语言学习的一个重要目标是应用，而传统课堂中的语言练习多以模拟对话的形式进行，缺乏真实场景的体验感。通过虚拟现实技术，学生可以在虚拟的现实场景中进行语言练习，提升语言的实际运用能力。这种虚拟现实的应用，不仅增强了教学内容的丰富性，也有效提升了学生的学习效果。在教学反馈机制上，人工智能技术的优势也显而易见。以往，教师的反馈往往依赖于考试成绩和作业表现，学生在学习过程中的问题难以及时被发现。而通过智能化平台，教师可以实时获取学生的学习数据,及时发现学生在学习中的问题,并在课堂上进行有针对性的指导。这种及时的反馈机制,使得学生在学习过程中能够更快地调整学习方法,提高学习效率,进而提升整体的教学质量。

从学生的学习体验来看,人工智能技术的引入也极大地提升了学习的个性化水平。不同的学生在学习过程中有不同的需求,传统的课堂教学模式难以兼顾所有学生的学习差异。而通过智能系统,教师可以为每个学生设计不同的学习任务,提供个性化的学习资源,确保每个学生都能根据自己的学习进度进行学习。这种个性化的学习体验,不仅提高了学生的学习效率,也增强了他们对学习的兴趣和积极性。教学质量的提升还体现在教师的专业发展上。通过人工智能技术,教师可以随时获得教学反馈,了解自己的教学效果,从而进行教学方法的改进。系统通过对教师的教学行为和学生的学习数据进行分析,为教师提供了大量的教学改进建议,帮助教师更好地理解学生的学习需求,优化教学设计。这种数据驱动的教学反馈,不仅提升了教师的专业水平,也推动了整体教学质量的提升。

课堂管理的智能化同样在提升教学效率方面起到了重要作用。传统的课堂管理多依赖于教师的主观判断和经验,在大班教学中,教师往往难以兼顾每个学生的学习状态。而通过智能化平台,教师可以随时了解学生的课堂表现,系统自动生成的课堂管理报告能够帮助教师及时发现课堂中的问题,从而进行有效的干预。这种智能化的课堂管理方式,不仅提高了教师的工作效率,也提升了课堂教学的质量和效果。

三、应对未来社会需求的挑战

随着社会的不断发展,未来的就业市场和人才需求正在发生深刻的变化。高校英语教学作为人才培养中的重要一环,必须顺应这一趋势,为学生提供更加符合社会需求的语言能力和综合素质。当前的教学模式在一定程度上仍然停留在传统知识传授的层面，无法完全应对社会对学生实际能力的要求。人工智能技术的快速发展为教学改革带来了新的契机，高校英语教学需要通过技术手段进行调整，以应对未来社会的挑战。

未来社会对英语人才的需求，不再仅仅局限于语言能力本身，跨文化交际、团队协作、信息处理等综合能力的重要性正在逐渐凸显。仅仅具备语言基础知识已经无法满足社会的期望，学生需要在具备语言能力的同时，拥有能够灵活运用这些技能的综合能力。传统的教学方式往往只注重语言知识的积累，缺乏对实际语言应用场景的关注，学生虽然掌握了大量词汇和语法规则，却在真实交流中表现得不够自如。人工智能技术通过模拟真实语言环境，为学生提供了更多实际应用语言的机会，帮助他们逐步提升跨文化交际能力。与此同时，未来社会对个体的独立思考和创新能力提出了更高要求。在全球化和信息化的背景下，学生不仅需要具备语言沟通的能力，还需要能够通过语言进行深度的思考和表达。当前的教学模式大多侧重于语言知识的传递，学生在课堂上接收到的信息较为单一，缺乏思维的激发和拓展。而通过智能化教学平台，学生可以接触到更多元化的语言应用场景，从不同的文化背景和思想角度出发，进行语言的分析和讨论，进一步拓展了他们的思维广度和深度。这种创新能力的培养，将帮助学生在未来社会中更好地适应复杂多变的工作环境。

社会对语言能力的需求日益倾向于语言的实际运用能力，尤其是在职场中，英语的作用已经超越了基础沟通层面，更加注重语言的专业化和应用性。比如，在商业、法律、科技等领域，专业英语的应用越来越广泛，企业在招聘时也更加关注求职者在这些领域中的英语运用能力。传统的教学内容往往局限于一般英语的学习，学生虽然具备一定的语言基础，但在具体行业中的专业英语能力相对薄弱。人工智能技术能够根据不同学生的学习需求和职业目标,为他们提供专业化的语言学习资源和训练,帮助他们在未来的职场中获得更强的竞争力。未来社会的发展也对学生的团队协作能力提出了更高的要求。现代职场中的工作模式越来越依赖团队合作,语言作为沟通的重要工具,在团队协作中的作用尤为关键。然而,传统课堂中以教师讲授为主,学生之间的合作和互动机会相对较少,导致学生的合作能力和语言沟通技巧没有得到充分的发展。而通过人工智能技术,教师可以设计出更多合作式的学习任务,鼓励学生通过小组讨论和合作项目进行语言学习。学生在这些活动中,不仅可以提升语言能力,还能培养团队协作精神,这对于未来的职场生活尤为重要。

随着人工智能和大数据技术的应用日益广泛,信息处理能力也成了未来社会对人才的重要要求之一。学生需要学会如何有效地收集、分析和利用信息,而其中语言能力是关键的一环。传统教学中,学生的语言学习多集中于教材和课堂材料,缺乏实际的信息处理训练。而智能化平台可以为学生提供大量的真实信息材料,帮助他们在学习过程中进行信息的筛选、分析和总结。这种基于实际信息处理的语言学习,不仅提高了学生的语言运用能力,也培养了他们的逻辑思维和信息处理能力,为未来的职场需求打下了坚实基础。未来社会对人才的需求还体现在多元文化的适应能力上。全球化的进程使得不同文化背景下的交流变得愈加频繁,学生不仅需要掌握语言,还需要了解和尊重不同文化的差异。传统的语言教学大多侧重于语言知识本身,而忽略了文化背景和语言使用环境的差异,这使得学生在跨文化交流中难以应对复杂的文化背景。通过人工智能技术,教师可以为学生提供更具多样化的语言学习资源,包括来自不同文化背景的语言应用实例,帮助学生更好地理解不同文化下的语言习惯和表达方式。这种跨文化的语言学习,将极大增强学生在国际化环境中的适应能力。

另外,随着技术的发展,自动化和智能化在未来社会中将发挥更大作用,学生需要学会与智能系统共存并合理利用这些技术进行工作。未来的工作环境中，许多任务将由智能系统和人工智能完成，而人类需要更多地承担创造性和管理性的工作。这一趋势要求学生在学习语言的过程中，不仅掌握基础的语言能力，还需要学会如何在智能化平台上进行语言学习和实践。人工智能技术的引入，为学生提供了智能化的学习环境，帮助他们适应未来智能化的工作模式，提升了他们的学习效率和语言运用能力。学生的自我学习能力也是未来社会对人才的一项重要要求。随着知识更新速度的加快，单纯依靠课堂教学已经难以满足学生的学习需求，学生需要具备更强的自主学习能力。而人工智能技术为学生提供了更多的学习工具和资源，帮助他们在课外进行自主学习。学生可以根据自己的兴趣和需求，自主选择学习内容，并通过智能化平台进行学习进度的管理。这种自主学习的模式，不仅提高了学生的学习效率，也帮助他们培养了独立思考和解决问题的能力，为未来社会的需求做好了准备。

未来社会对语言能力的要求还包括对语言表达的精准性和专业性的要求。随着工作场合中的语言交流越来越多元化和复杂化，学生不仅需要能够进行基础的沟通，还需要能够在专业领域中进行清晰、准确的表达。传统的教学模式在这一点上有所不足，课堂中的语言训练以一般交流为主，学生在面对专业领域的语言需求时，往往感到力不从心。通过智能化的语言学习平台，教师可以为学生提供更具针对性的语言训练，帮助他们在不同专业领域中提升语言表达能力。这种精准性的语言训练，将帮助学生在未来的工作中表现得更加专业和自信。从学生的学习体验角度来看，人工智能技术的应用也能够极大增强学生的学习兴趣和动力。未来社会对学习的要求不仅是获取知识，更注重学习的过程和体验。而智能化的学习环境，可以为学生提供更加个性化和互动性强的学习体验，激发他们的学习兴趣。通过智能系统的反馈，学生可以随时了解自己的学习进展，获得及时的鼓励和建议。这种积极的学习体验，将帮助学生在未来的工作中保持学习的热情和动力，提升他们的职业竞争力。

未来社会的工作环境中对语言的需求将更加多样化，学生不仅需要掌握口语、书面语，还需要具备通过多种媒体进行语言表达的能力。随着网络和社交媒体的普及，学生需要学会如何在多种平台上进行有效的语言表达。传统教学中，语言的表达形式较为单一，学生的语言能力往往局限于书面表达和口头交流。而通过人工智能技术，教师可以为学生设计更加多元化的语言表达任务，如视频演讲、在线讨论、文字写作等，帮助他们在不同平台上提升语言表达能力。这种多样化的语言表达训练，能够帮助学生更加适应未来多媒体环境下的工作需求。人工智能技术还可以帮助学生在学习过程中获得更多的个性化支持。未来社会中，个体的差异性和多样性将更加明显，学生在学习过程中表现出的学习风格和需求也将更加多样化。传统课堂中，教师往往难以兼顾每个学生的个性化需求，学生的学习效果受到一定影响。而通过智能化平台，教师可以根据每个学生的学习情况和表现，提供个性化的学习建议和反馈，帮助学生在自己的学习路径上不断前进。这种个性化的学习支持，不仅提升了学生的学习效果，也增强了他们的自信心和学习动力。

未来社会对语言人才的需求还体现在语言学习的持久性和可持续性上。语言作为一种技能，需要通过持续的学习和练习来保持和提高。而传统教学模式中，学生的学习多集中于课堂时间，课外的语言练习和学习难以得到系统的支持。通过人工智能技术，学生可以随时随地进行语言练习，系统会根据他们的学习进展提供个性化的学习计划，确保他们能够持续提高语言能力。这种可持续的学习模式，为学生在未来的工作中保持语言能力提供了有力保障，同时还要求学生具备更强的批判性思维和问题解决能力。这些能力的培养，不仅依赖于语言知识的积累，还需要学生在学习过程中进行思考和分析。而通过智能化平台，教师可以为学生设计更加复杂和开放性的语言任务，鼓励他们在任务中运用批判性思维，解决实际问题。这种思维能力的培养，将帮助学生在未来的工作中更好地应对复杂的挑战，提升他们的职业竞争力和创造力。

　　从教学评价的角度来看，未来社会对语言学习的评价方式也将更加多元化。传统的考试和测评方式往往无法全面反映学生的语言能力，尤其是在语言的实际应用能力上，传统评价的局限性更为明显。而通过智能化平台，教师可以对学生的语言能力进行更加全面和动态的评估，系统可以根据学生的学习行为和表现，生成个性化的评估报告，帮助教师更好地了解学生的学习效果。这种多元化的评价方式，不仅提高了教学的科学性和合理性，也帮助学生更好地认识自己的学习进展。

　　在人工智能技术的推动下，高校英语教学面临着前所未有的变革与调整。当前的教学模式虽在知识传授上积累了丰富经验，但在应对未来社会需求、提升教学效率和实现个性化教学等方面仍存在不足。人工智能的引入，打破了传统教学中固定的模式和僵化的流程，使得教学更具灵活性、互动性和针对性。通过智能化平台，教师能够根据学生的具体学习需求和进度调整教学方案，为每个学生提供个性化的学习路径和资源，极大地提升了教学的质量与效率。同时，智能系统对课堂管理、教学评估、资源优化等方面的支持，帮助教师更高效地应对教学任务，确保每个学生都能得到有效的指导。随着教学方式的不断更新，学生的学习体验与效果也得到大幅提升。课堂互动更加多样，学习反馈更加及时，学生在语言学习中的参与感和成就感显著增强。人工智能技术不仅改变了教学的形式，还拓展了教学内容的深度和广度，使学生能够通过多元化的学习体验，掌握更具实践性和应用性的语言技能。这一系列技术带来的进步，为高校英语教学带来了新的可能,也从根本上推动了教学质量的提升,使得学生在学习中受益匪浅。

第三节 人工智能在高校英语教学中的应用

我国许多高校的英语教学任务繁重,教师们需要在有限的时间内传授多种英语知识点,因此往往采用传统的语法翻译法进行教学。然而,这种方式使得学生在英语学习中较为被动,难以灵活掌握知识,不少学生感到课堂上学到的内容与实际应用存在脱节现象。这无疑对高校英语教师提出了严峻的挑战,他们需要明确自身教学特点,并努力营造适应高校学生实际情况的英语学习环境。

随着信息技术的迅猛发展,它在教育领域的应用变得越来越广泛,为教学带来了全新的支持手段。特别是人工智能技术,在这方面发挥了关键作用。它能够帮助构建沉浸式的学习环境,给予学生更多的独立学习和思考的空间。通过让学生在丰富多彩的英语世界中自由探索,人工智能不仅促进了学生自主学习能力的提升,还帮助他们养成了良好的学习习惯。此外,人工智能还可以为学生提供个性化的学习路径和建议,以便于他们更好地掌握知识和技能。然而,当前高校英语教学仍然面临一系列挑战。首先,现实条件限制了个性化教学的实施,难以真正做到因材施教。传统的课堂教学模式往往无法满足不同学生的需求,导致部分学生跟不上教学进度,而另一部分学生则感到枯燥乏味。其次,教师们面临着繁重的教学任务,这使得他们在关注每个学生个体需求方面显得力不从心。此外,许多学生在自主学习方面的积极性不高,缺乏主动探索知识的动力。这些问题共同导致了高校英语教学效率低下，教学效果不尽如人意。面对这些挑战，我们必须采取更加有效的措施来优化教学过程，提高教学质量和效果。首先，利用先进的技术手段，如人工智能，来辅助教学，可以减轻教师的工作负担，提高教学效率。通过智能教学系统，教师可以快速地获取学生的学习情况，以便于及时调整教学策略。同时，智能系统还可以为学生提供个性化的学习路径和建议，帮助他们更好地掌握知识和技能。其次，设计更多互动性强、趣味性高的课程内容，激发学生的学习兴趣。通过游戏化教学、在线竞赛等形式，让学生在轻松愉快的氛围中学习英语。此外，还可以引入多元化的评价机制，如举办口语、听力、阅读和写作等方面的竞赛，以鼓励学生积极参与，提高他们的实际英语应用能力。最后，关注学生的学习心理和情感需求，培养他们自主学习的能力和信心。教师应鼓励学生敢于开口说英语，不怕犯错误，并及时给予反馈和指导。同时，学校可以组织丰富多样的课外活动，如英语角、文化节等，让学生在真实的语言环境中练习英语，提高他们的学习兴趣和动力。

一、外语教育信息化发展历程

（一）外语电化教学阶段

在外语电化教学的背景下，行为主义语言学习理论在我国教育界仍然具有一定的影响力。根据这一理念，教师的主要任务是创建一个有利于学习的环境，使学生能够区分正确与错误的行为，并在学习过程中发挥主动作用。为了实现这一目标并提升现代教学质量，我国一直在积极探索有效的教学方法，其中一个关键点就是电化教学设备的研发与应用。

随着技术的进步，传统的"黑板+粉笔"教学模式逐渐被更为先进的手段取代。投影仪作为一种新型的教学工具，受到了教师和学生的广泛欢迎。通过使用图像、视频等多媒体资源，投影仪不仅让课堂变得更加生动有趣，还极大地丰富了语言输入的内容和形式。这种视觉和听觉上的多感官刺激，有助于学生更好地理解和吸收知识，提高学习效率。

此外，电化教学设备的应用也为教师提供了更多创新教学的空间。教师可以利用这些工具设计多样化的教学活动，如互动游戏、虚拟情境模拟等，进一步激发学生的学习兴趣和参与度。这样一来，不仅提升了课堂教学的质量，也促进了学生语言技能的全面发展。通过持续的技术革新和教学方法的改进，外语电化教学正逐步走向更加高效和个性化的方向。

（二）计算机网络辅助教学阶段

在计算机网络辅助教学的背景下，认知主义的理念逐渐成为教育界的主流思想。认知主义强调，人的认知过程是由外部刺激和内部心理活动共同作用的结果。随着这一理念的普及，我国高等教育开始从传统的以教师为中心的教学模式，转向更加注重学生主动学习的新模式，实现了"以学生为中心"的教育理念的转变。

在这个转变过程中，教育者们更加关注学生的特性和兴趣，致力于构建一个更加精准和个性化的自主学习环境。为了更好地支持学生的学习，高校英语网络教材不断更新内容，引入了更多与时俱进的素材。同时，各种学习软件资源也得到了优化升级，不仅提供了丰富的多媒体材料，还融入了互动式练习和即时反馈机制，极大地增强了学习的互动性和趣味性。

通过这些改进，学生能够在更加灵活多样的学习环境中自主探索知识，提高语言技能。教师的角色也从单纯的知识传授者转变为引导者和支持者，帮助学生制订学习计划、解决学习中的问题，并提供必要的指导。这样一来，不仅提高了学生的学习积极性，还促进了他们批判性思维和解决问题能力的发展，为培养全面发展的人才奠定了坚实的基础。

(三)信息技术与外语教育深度融合阶段

《教育信息化2.0行动计划》的推出标志着我国教育进入了信息技术与外语教学深度融合的新阶段。在这个阶段，我们不仅重视个体认知的发展，还特别强调外部社会环境对学习者的影响，力求将学生的内在认知过程与外部环境有机结合，从而全面提升其语言能力。

这一阶段的核心理念是将信息技术作为强大的辅助工具，丰富和优化外语教学内容，弥补传统教学方法的不足。从新建构主义的角度来看，这种深度融合强调了学生主观认知与客观环境的紧密结合，实现了"以学生为主体，教师为主导"的新型教学模式。

通过信息技术的应用，外语学习环境变得更加生动有趣，打破了以往单一、枯燥的学习模式。多媒体资源、互动平台和虚拟现实技术等现代工具的引入，使得教学过程更加智能化和立体化。学生可以在一个多元化的环境中进行自主探索和实践，获得更加高效和丰富的学习体验。同时，教师的角色也发生了转变，他们不仅是知识的传授者，更是学习过程中的引导者和支持者，帮助学生制订个性化学习计划，解决学习中遇到的问题，并提供及时的反馈和指导。《教育信息化2.0行动计划》推动了外语教学的全面革新，不仅提升了教学质量和效率，还为学生提供了更加多样化和个性化的学习途径，有力地促进了学生的全面发展。

二、当前高校英语教学存在的不足

(一)受现实条件限制，难以充分因材施教

众所周知，各高校的招生录取分数线存在差异，这意味着尽管同一所高校录取的学生整体成绩较为接近，但他们在英语基础、天赋和素养方面有很大差别。有些学生英语学习优势明显,而另一些则在英语方面存在不足,这在非英语专业的学生中尤为突出。

据相关统计,我国普通高校的师生比例一直较低,这意味着教师们需要面对众多学生进行教学。除了专业课程可以采取小班教学形式,其他课程往往将不同班级的学生集中在一起上课,英语课程也不例外。在某些情况下,一堂英语课的学生人数可能超过百人,这对教师来说无疑增加了巨大的教学压力,也让教师难以关注到每一个学生,从而使得因材施教的目标难以实现。

(二)高校英语教师任务繁重

与高中生活相比,大学的氛围可能相对较为宽松。然而,在这种看似轻松的工作环境背后,大学英语教师实际上承受着不小的压力。他们不仅要按照课程表为学生授课,还需关注学生的毕业设计进展,并为众多学生提供个性化的指导。此外,在各种学术研讨会中,教师们还需不断学习新知识、分享自己的见解。与其他学科相比,英语学科具有特殊性,口语、听力、阅读和写作能力是每个大学生必须掌握的基本技能。因此,高校英语教师必须在这些方面投入大量的时间和精力,这无疑增加了他们的工作负担。若能在教学过程中引入人工智能技术,那么高校英语教师的工作压力将得到极大缓解,从而更好地应对这些挑战。

(三)学生自主学习积极性不足

许多学生在进入大学后,由于相对自由的生活环境,往往更倾向于娱乐和休闲活动,而对学业尤其是英语学习缺乏足够的积极性。这种态度导致他们对英语课程不够重视,甚至产生轻视或放弃的心态。然而,英语在当今社会对学生的职业发展至关重要,大学英语四、六级考试仍然是众多学生必须面对的重要挑战。

近年来，英语六级考试的难度不断提高，不仅增加了口语考试部分，还提高了对词汇量和写作能力的要求。这使得考试通过率有所下降。如果学生缺乏主动学习的动力，不能将教师传授的知识与自身的理解和实践相结合，那么他们在听、说、读、写等各方面的学习投入就会不足。此外，英语学习资源的有限性和技术手段的限制，以及不恰当的学习方法，都进一步影响了学生的学习效果。

在这种情况下，学生的英语水平难以得到显著提升，无法满足未来职业发展的需求。因此，提高学生的自主学习积极性，引导他们合理安排时间，充分利用现有资源，并采用有效的学习方法，是当前高校英语教学亟待解决的问题。只有这样，才能帮助学生克服英语学习中的困难，全面提升他们的语言能力。

（四）大学英语与专业结合度不足

尽管我国高校使用的英语教材种类繁多，但其核心内容往往大同小异。虽然一些大学为特定专业开设了专业英语课程，但这些课程通常作为选修课，并没有强制性的学习要求。因此，许多学生学习英语的主要目的只是通过考试，而缺乏将英语技能应用于实际专业领域的意识和动力。

现有的英语教材在内容上未能充分涵盖计算机、商业咨询、法律等专业领域的专业知识。学生所学的英语知识大多局限于日常生活交流，对于他们在未来职业生涯中所需的专门术语和行业背景了解甚少。这种状况导致学生在毕业后进入职场时，难以迅速适应专业领域中的英语需求，影响了他们的职业竞争力和发展潜力。

为了改善这一现状，高校需要进一步加强英语教学与专业教育的融合。一方面，可以开发更多针对不同专业的英语教材，确保内容既符合语言学习的要求,又能满足专业领域的实际需求。另一方面,学校可以通过设置必修的专业英语课程,鼓励学生深入学习与自己专业相关的英语知识。此外,还可以利用实习、实践项目等方式,让学生在真实的工作环境中运用英语,从而提高他们的专业英语水平。

这些措施,不仅能够提升学生的英语综合能力,还能更好地为他们未来的职业发展打下坚实的基础,使他们在国际化的职场环境中更具竞争力。

三、人工智能在高校英语教学中的应用策略

(一)人工智能于教学领域的应用

1. 教学管理

教学管理制度在确保教学成果方面起着至关重要的作用,它直接影响到整个教学系统的稳定运行。然而,传统的英语教学管理模式存在一些局限性。由于需要处理多种任务,并涉及众多工作人员的协作,导致各个管理环节相对独立,缺乏有效的衔接和统筹协调,整体效率较低。

近年来,人工智能技术在教学管理中的应用,特别是学习管理系统(LMS)的引入,为英语教学管理带来了显著的改进。LMS 能够实现对教学过程的动态监控,提高计划制订的科学性和档案管理的便捷性。通过 LMS,管理者可以实时追踪教学活动的各个环节,及时发现并解决问题,从而提升整体管理水平。

此外,区块链技术也可以被引入到教学管理中,以解决管理工作中的可追溯性和透明度问题。区块链技术不仅能够整合和保护有价值的教育资源,还能实现资源的即时共享,促进教师、学生和其他教育参与者之间的信息交流。这不仅有助于保障教学成果的安全,还能进一步提升高校英语教学管理的规范化和透明化水平。

通过这些先进技术的应用,英语教学管理将变得更加高效和有序,不仅能更好地支持教师的教学工作,还能为学生提供更加个性化和高质量的学习体验。最终,这些改进将有助于全面提升高校英语教学的整体质量和效果。

2. 智能排课

传统的排课方式在通用性和自动化程度上存在诸多限制,难以满足现代教育的需求。因此,我国高校的英语教师应关注云计算技术,深入理解其工作原理、特性和功能,并尝试将其应用于排课系统中,以实现更加灵活和高效的课程安排。

借助云计算技术,智能排课系统能够根据多种筛选条件进行动态查询,实时展示详细的课程安排。如果教师需要调整课程时间或地点,只需在系统中进行简单的操作即可完成修改。这种智能化的排课系统在教育云平台上展现出显著的优势,有效解决了传统排课方式中存在的问题。

通过集成先进的算法,智能排课系统能够生成高度可视化的电子课程表,使教师可以更方便地查看自己的课程安排和上课时间。此外,系统还支持实时更新,确保教师能够随时获取最新的课程信息,减少了因信息滞后导致的混乱和不便。

目前,诸如"超级课程表"这样的智能排课系统已经在高校英语教学中得到了广泛应用。由于英语教师的课程时间和地点经常发生变化,智能排课系统大大简化了课前准备的工作。教师可以通过电子设备随时查看每天的上课地点和时间,并及时收到课程变更的通知。这不仅提高了教师的工作效率,也提升了学生的学习体验。

智能排课系统的应用不仅优化了课程安排的流程,还提升了教学管理的灵活性和透明度,为高校英语教学提供了强有力的支持。通过这些先进技术的应用,教师和学生都能享受到更加便捷和高效的教学环境。

3. 人脸识别与声纹识别技术的应用

尽管高校的教学管理体系已经相对完善,但在实际操作中仍然存在代考、代写、代课等违规行为。这些问题不仅严重破坏了教育公平,还对学校的学风造成了负面影响。尽管学校明确规定禁止这些行为,但仍有一些人为了个人利益铤而走险。

为了解决这些问题,可以引入先进的人脸识别和声纹识别技术来加强监管和防范。人脸识别技术通过摄像头采集学生的人脸图像或视频流信息,利用算法检测并跟踪人脸特征,实现身份的精准识别。而声纹识别技术则是基于声音信号,将其转换为电信号后进行分析和识别,从而确认说话人的身份。

这两种技术的应用能够有效遏制代考、代写、代课等违规行为的发生。例如,在考试过程中,可以通过人脸识别系统验证考生的身份,确保参加考试的是本人。在课堂上,教师可以使用声纹识别技术确认学生的出勤情况,防止他人代课。此外,声纹识别技术还可以用于在线作业提交时的身份验证,确保作业是学生本人完成的。

通过这些技术手段,不仅可以提高教学管理的效率和准确性,还能增强学生的诚信意识,维护良好的学风。同时,这也为学校提供了更加可靠的数据支持,有助于进一步优化教学管理和提升教学质量。人脸识别和声纹识别技术的应用为高校提供了一种高效、可靠的解决方案,有助于构建一个更加公平、透明的学习环境。

(二)人工智能在教师领域的应用

1. 智能阅卷与批改系统的重要性

我国高校的英语教师面临着繁重的教学任务,需要同时管理大量学生。虽然期末考试是评估学生学习成果的主要方式,但在日常教学中,教师还需要关注学生的各项练习成绩，并将其与期末成绩相结合，进行全面评估。近年来，数据显示大学英语四、六级考试的通过率有所下降，这反映出考试难度的提升。由于这类考试通常在大学期间进行，高校英语教师希望进行全面模拟训练以帮助学生更好地准备，但面临着诸多挑战。

智能阅卷与批改系统的引入能够有效破解这些难题。这种系统通过扫描答题卡，自动识别并判断答案的正确性，从而快速计算出学生的得分情况。更重要的是，智能阅卷与批改系统不仅能够评判答案的对错，还能深入分析学生的语法结构、词汇使用和写作技巧，并提供详细的综合评分和反馈。

具体来说，智能阅卷与批改系统具备以下优势：

（1）高效准确：系统能够迅速处理大量试卷，减少人工阅卷的时间和误差。

（2）全面分析：除了基本的答案评判，系统还能对学生在语法、词汇和写作等方面的错误进行详细分析，帮助教师了解学生的薄弱环节。

（3）个性化反馈：系统可以生成个性化的学习报告，为每个学生提供具体的改进建议，帮助他们在后续学习中更有针对性地提升。

（4）数据支持：系统收集的数据可以用于教学研究，帮助教师优化教学方法，提高整体教学质量。

通过这些功能，智能阅卷与批改系统不仅减轻了教师的工作负担，还提高了评估的准确性和效率。此外，它还为学生提供了更加及时和有针对性的反馈，有助于他们在备考过程中不断改进和提升。智能阅卷与批改系统的应用为高校英语教学带来了显著的改善，提升了教学效果和学生的学习体验。

2. 数据建模与学习画像在高校英语教学中的应用

高校英语教学的复杂性在于学生的英语水平差异较大，传统的教学方式往往难以实现个性化教学和精准评估学习效果。通常，学生的学习成果通过练习成绩得以体现，而数据在这一过程中起到了关键作用。借助大数据技术，我们可以收集每个学生的学习成绩,并据此构建学习模型。在大数据的支持下,高校英语教学实现了教学思路和方法的变革,使英语教学管理更加现代化,避免了英语学科发展滞后的问题。通过数据建模和学习画像,教师能更深入地了解学生的学习状况,进而采取更具针对性的教学策略。

3. 教学设计与课堂教学

在信息技术飞速发展的今天,我国的教学质量得到了显著提升。教师们可以通过互联网接触到最新的教学理念和方法,为自身的教学工作提供了丰富的资源和借鉴。未来,高校英语教学将不断积累和总结教学经验,制作高质量的教学视频,并将其存储在云端,方便随时查阅和使用。这些视频资源不仅可供本校教师参考,还可以分享到网络平台上,供全国乃至全球的同行学习和借鉴。

随着互联网技术的多样化和高级化发展,教师需要充分认识到这一趋势,并了解人工智能技术带来的积极影响。其中,网络直播教学是一个重要的应用方向。教师可以利用适当的时间,通过网络直播平台为学生讲解英语知识点,使教学过程更加生动有趣。这种教学方式不仅能激发学生的兴趣,还能促进师生之间的互动交流,实现教学资源的共享。

在网络直播教学中,学生可以在直播间内实时提问和讨论,教师可以及时解答疑问,增强课堂的互动性和参与感。此外,直播回放功能使得学生能够自主复习,反复观看难点内容,进一步巩固所学知识。这种方式不仅提升了学生的学习效果,还为那些因故未能参加直播课程的学生提供了补课的机会。

通过互联网技术和人工智能的应用,高校英语教学变得更加灵活多样,教学质量得到了显著提升。教师可以利用这些先进的工具和方法,不断创新教学模式,提供更加丰富和高效的学习体验。这不仅有助于提高学生的学习积极性和主动性,也为教师的专业发展提供了新的机遇。

4. 全真教育机器人的应用

学习语言的主要目的是进行有效的交际，对于高校学生而言，良好的英语口语水平对其未来的职业发展至关重要。然而，在高校环境中，实际使用英语的机会相对有限，这在一定程度上限制了学生的英语学习效果。为了解决这一问题，全真教育机器人的引入提供了一种创新的解决方案。

全真教育机器人能够为学生创造一个沉浸式的英语学习环境，营造出有利于语言学习的氛围。这些机器人像朋友一样陪伴学生，共同探索英语知识的广阔领域。通过与教育机器人的互动，学生可以在多种对话场景中练习英语口语，使对话题材变得日益丰富和多样化。

教育机器人不仅能够与学生进行自然流畅的对话，还能评估学生的语言流畅度和词汇掌握情况，并根据这些评估结果给出客观综合的评分。此外，机器人还能精准地指出学生在发音方面的错误，并提供正确的发音指导，帮助学生逐步提高英语口语水平。

具体来说，全真教育机器人能够提供的服务包括：

（1）沉浸式学习体验：机器人通过模拟真实对话场景，为学生提供身临其境的学习体验，增强语言实践能力。

（2）个性化反馈：机器人可以根据每个学生的特点和需求，提供个性化的反馈和建议，帮助他们有针对性地改进。

（3）丰富的对话题材：机器人能够生成多样化的对话内容，涵盖日常生活、职业场景等多个方面，提升学生的实际应用能力。

（4）实时评估与指导：机器人能够实时评估学生的口语表现，并提供即时反馈，帮助学生及时纠正错误，巩固所学知识。

通过这些功能，全真教育机器人不仅提升了学生的英语口语水平，还增强了他们的自信心和学习兴趣。这种创新的教学方式为高校英语教学带来了新的活力，有助于培养更多具备良好英语沟通能力的人才，更好地满足未来职业发展的需求。

（三）人工智能于学生领域的应用

1. 储备词汇

高等教育的英语教学包含许多方面，其中词汇学习尤为关键。伴随着移动技术的飞速进步，词汇学习类应用（App）的使用越来越普遍。许多学生借助这些App来掌握英语词汇，如"开心词场"、"乐词"和"百词斩"等。

在这些应用的背后，大数据算法发挥了重要作用。它们能够模拟词汇记忆过程，并根据学生的特点提供个性化服务，使得英语词汇学习变得更加便捷高效。这些移动端的词汇App是新时代的产品，通常以分布式认知理论为基础。它们将枯燥的知识点通过生动有趣的方式呈现出来，使学习者更容易理解和掌握。与传统的纯文字记忆方式相比，这种视觉表征方法具有明显优势。它融合了文字和图形，以更直观的方式展示了事物的不同结构，帮助学习者更清晰地理解事物的本质和原理。这种方法不仅提高了学习效果，还使词汇学习变得更加有趣和高效。

2. 听说训练的重要性

让学生在语言学习上取得优异的成绩，听力训练是至关重要的环节，也是大学英语教学的核心组成部分。目前，大学英语听力材料的设置主要以应对考试为目标，这导致内容往往缺乏趣味性，难度较大，成为学生学习英语的一大难题。

然而，随着人工智能技术的不断发展，我们不仅可以充分考虑学生的专业需求，还能根据学生的词汇量、兴趣爱好等个性化因素，从丰富的语料库中智能检索并匹配适合学生的听力资源。这种个性化的内容选择能够激发学生在英语听力练习中的积极性，提高他们的参与度和学习效果。

人工智能技术的应用使得视听资源更加丰富多彩。除了传统的英文歌曲外，还包括各类影视片段、新闻广播等多种形式。这些生动的视听材料为学生提供了身临其境的学习体验，极大地降低了他们理解英语内容的难度，吸引了学生更专注地投入到听力课程中。

互联网时代的到来，为各行各业带来了前所未有的便利。大数据分析在工业、金融等多个领域发挥了巨大作用，使得百度、腾讯等拥有算法优势的平台备受关注。"AI+"的应用范围不断扩大，我国各行各业纷纷掀起智能化应用的热潮，其中外语教学领域也深受影响。智能教室、智能翻译机等技术已经广泛应用，为语言学习创新奠定了坚实的基础，充分展现了智能化特色。

第三章　人工智能支持下的高校英语教学模式创新

人工智能技术的快速发展，使教育领域迎来了前所未有的机遇与挑战。传统的教学模式正逐渐向智能化、个性化和数据驱动的方向转变，高校英语教学也不例外。技术的介入不仅改变了教师与学生的角色分配，还深刻影响了教学的设计与实施。如今，学生的学习路径、节奏和内容都可以通过智能系统进行优化与调整，使得教学更具针对性。与此同时，教师的角色从知识的传授者逐渐转向学习的指导者与设计者，通过数据分析、智能反馈等手段，精准把握每个学生的学习需求与进展。这一转型为高校英语教学模式的创新提供了丰富的可能性，使得教学更加灵活与高效。

第一节　混合式教学模式的构建

在当代教育变革的背景下，教学模式正经历着多维度的创新。随着科技的发展，传统课堂教学不再是唯一的学习途径，更多元化的教学方式逐步进入课堂。通过线上与线下的结合，学生的学习场景得以扩展，不再局限于固定的时间与空间。与此同时，技术的应用为教学带来了更多的灵活性，使得课程内容的传递和学生的学习体验都发生了深刻的变化。这种转型不仅满足了不同学习需求，还大幅提升了教学的效率与质量，为教师与学生创造了更为自由和丰富的互动环境。

一、线上与线下结合的教学模式

高校英语教学正在经历着深刻的变革，其中线上与线下结合的教学模式逐渐成为关注的焦点。传统教学模式中，课堂往往是师生互动的唯一场所，教学活动和学习内容的传递多依赖于面对面的互动。然而，随着信息技术的发展，线上教学提供了更加灵活的学习环境。通过智能化平台，教师可以将课堂教学与线上学习结合起来，使学生在不同的场景中进行学习，不再受限于时间和空间。这种结合模式突破了传统课堂的束缚，使得教学更加灵活和高效。

线下课堂与线上学习的结合，为学生提供了更加个性化的学习体验。在课堂上，教师可以通过讲解和互动帮助学生理解知识，而在线上，学生可以根据自己的学习进度和需求，灵活安排学习时间和内容。通过这种模式，学生可以在课堂上获得教师的及时指导和反馈，而在线上进行自我复习和巩固。教师还可以利用智能系统为学生提供个性化的学习资源，帮助他们在课后进一步强化所学内容。在传统课堂中，师生互动多集中在课堂时间，课外互动相对较少。而通过线上平台，学生可以在课后随时与教师交流，提出学习中的疑问并及时获得解答。这种即时互动不仅提高了学生的学习效果，也增强了师生之间的联系。教师可以通过系统了解学生的学习进展，根据学生的反馈进行课程调整，确保每个学生都能得到适合自己的学习支持。

另外，线上学习还为学生提供了更多的自主学习机会。在传统教学模式中，学生的学习进度往往受到课堂时间和教学进度的限制，无法根据他们的需求进行调整。而线上学习模式使学生可以自主选择学习内容,按照他们的学习节奏进行学习。无论是在课堂之外的时间,还是在个人兴趣的驱动下,学生都能够通过线上平台自主进行知识扩展和巩固。这种自主学习模式,极大地提升了学生的学习积极性和参与度,使学习过程更加自主和灵活。通过智能化平台,教师可以随时查看学生的学习数据,包括他们的学习时长、学习进度以及知识点的掌握情况。根据这些数据,教师可以为每个学生制订个性化的学习计划,帮助他们更好地掌握课程内容。线上平台的自动化功能还减轻了教师在批改作业和评估学生表现上的负担,使教师能够将更多的时间和精力投入到教学设计和课堂互动中,从而提升整体教学质量。

线上与线下结合的教学模式还促进了多样化的教学方法的应用。传统课堂中的教学方法多以讲授法为主,学生在课堂上的学习方式较为单一。而通过线上平台,教师可以采用更多样化的教学手段,如视频教学、互动练习、在线讨论等,丰富课堂内容,增强学生的参与感。学生可以通过这些多样化的学习方式,获得更加全面的知识理解和实践机会。这种教学方法的多样化,使得学生的学习过程更加丰富和充实。此外,线上与线下结合的教学模式还为学生提供了更加丰富的学习资源。在传统教学模式中,学生的学习资源主要依赖于教材和课堂讲义,而通过线上平台,学生可以随时查阅大量的学习资料,如视频、音频、电子书等。教师还可以根据课程内容和学生的学习需求,推荐适合的学习资源,帮助学生在课外进一步扩展知识。这种资源的丰富性,为学生提供了更多的学习选择,使学习过程更加个性化和自主化。

教师可以根据课程的难度和学生的学习情况,灵活安排课程的线上和线下部分。比如,对于一些基础性较强的知识点,教师可以通过线下课堂进行讲解,而对于一些需要自主探究和深入思考的内容,教师可以安排学生通过线上学习的方式进行自我学习和讨论。这种灵活的教学安排,使得课堂教学更加有效，学生的学习体验也更加丰富。再者，线上与线下结合的教学模式为课堂教学的组织提供了更多可能性。传统课堂中的教学活动往往受到时间和场地的限制，教师和学生需在有限的时间内完成教学任务。而通过线上平台，教师可以将课程内容分布在多个学习场景中，学生可以在课前通过线上学习预习课程内容，在课后通过线上平台进行复习和巩固。这样的教学组织形式，突破了时间和空间的限制，使学习过程更加连续和完整。

线上平台的互动性也增加了学生之间的合作学习机会。在传统课堂中，学生之间的互动多停留在课堂上的讨论和合作活动中，而通过线上平台，学生可以在课后随时进行小组讨论和项目合作。教师可以为学生设计更多的合作任务，帮助他们在合作中进行语言学习和知识分享。这种合作学习模式，不仅提高了学生的学习效果，还增强了他们的团队合作能力和沟通能力。通过线上平台，教师可以实时监测学生的学习进度和表现。这不仅帮助教师更好地了解学生的学习效果，也为教师的教学评估提供了更加全面的依据。教师可以根据这些数据，及时调整教学内容和教学策略，确保每个学生都能得到适合自己的学习支持。这种基于数据的教学评估，大幅提升了教学的科学性和有效性。

在传统课堂中，教师难以兼顾每个学生的个体差异，教学内容和教学进度往往是统一的，无法满足每个学生的学习需求。而通过线上平台，教师可以根据学生的学习情况，提供个性化的学习资源和学习计划，帮助学生根据自己的需求进行学习。这种个性化教学模式，不仅提高了学生的学习效率，也增强了他们的学习兴趣和学习动力。在传统课堂中，教师的反馈多集中在作业批改和考试成绩上，学生在学习过程中的问题难以及时得到解决。而通过线上平台，教师可以随时查看学生的学习表现，并及时为他们提供反馈和建议。这种即时反馈机制，不仅帮助学生更快地发现和解决学习中的问题，也提高了他们的学习效率和学习效果。与此同时，线上与线下结合的教学模式还增强了学生的学习自主性。学生可以通过线上平台，根据自己的学习进度和学习需求，自主安排学习时间和学习内容。教师可以为学生提供更加灵活的学习计划，帮助他们在自主学习中不断进步。这种自主学习模式，不仅提升了学生的学习能力，也培养了他们的自我管理和时间管理能力。

从课堂教学的管理角度来看，线上与线下结合的教学模式也为教师的课堂管理提供了更多的工具。通过智能化平台，教师可以实时监控学生的学习表现，查看他们的学习进度和学习问题。系统还可以自动生成课堂管理报告，帮助教师了解每个学生的学习状态，并根据这些数据进行有效的课堂管理。这种智能化的管理方式，减轻了教师在课堂管理中的负担，使得课堂教学更加高效和有序。线上与线下结合的教学模式还为学生提供了更多的语言实践机会。在传统课堂中，学生的语言实践机会往往受到课堂时间和人数的限制，许多学生在课堂中难以获得足够的练习机会。而通过线上平台，学生可以随时进行口语练习和写作训练，系统会根据他们的表现提供即时反馈和建议。学生通过这些练习，不仅能够提高语言能力，还能够增强自信心和表达能力。这种丰富的语言实践机会，为学生的语言学习提供了更多的支持。

通过线上平台，教师可以为学生提供更多的跨学科学习资源，帮助他们在学习语言的同时，掌握其他学科的知识。比如，教师可以通过线上平台引入其他学科的素材，让学生在语言学习中了解科技、文化、历史等多个领域的知识。这种跨学科的学习模式，不仅拓宽了学生的知识面，也增强了他们的综合素质和学习能力。线上与线下结合的教学模式还为学生的学习过程提供了更加全面的记录和分析。通过智能化平台，教师可以记录学生在学习过程中的每一个细节，包括他们的学习时间、学习频率、学习表现等。这些数据不仅帮助教师了解学生的学习情况，也为学生提供了更加全面的学习记录，帮助他们更好地总结和反思自己的学习过程。这种详细的学习记录，为学生的学习提供了更多的参考和支持，使学习过程更加透明和可控。

二、翻转课堂与项目化教学的应用

人工智能技术的发展为翻转课堂和项目化教学模式的创新应用提供了强大助力。借助智能技术的支持，传统的"以教师为中心"的被动学习模式正在为"以学生为中心"的主动探究式学习所替代。在翻转课堂中，人工智能可为学生提供个性化的自适应学习资源，优化课前自主学习体验；在项目化教学中，人工智能可为真实情境的构建、学习过程的优化等提供有力支撑。人工智能与翻转课堂、项目化教学的深度融合，正在重塑英语教和学的理念、方式和路径，为培养学生的语言运用能力、思辨能力、跨文化交际能力和创新实践能力开辟新的途径。

基于大数据分析技术的个性化学习资源推送，是智能技术赋能翻转课堂的重要体现。在翻转课堂中，学生需要在课前完成知识学习，这对优质的课前学习资源提出了更高要求。传统的"一刀切"式学习资源推送，难以满足不同学生的个性化需求。而借助大数据分析、知识图谱等技术，智能系统可以精准刻画学生的知识基础、认知风格等，并据此推送与其学习需求相匹配的微课、文本材料等。个性化、精准化的资源推送，让学生的课前自主学习更具针对性和时效性。学生在系统推送的阅读材料、词汇练习、语法动画等碎片化学习中，按需获取知识，初步掌握课程主题，为课堂讨论奠定了基础。

嵌入智能助教的自主检测系统，是人工智能助推翻转课堂的另一维度。在课前自学环节，及时检测学生的学习效果，既是保障自主学习质量的需要，也是优化课堂教学的前提。传统的课前测试，往往依赖教师手动批改，反馈滞后，难以做到有的放矢。而智能助教系统可通过自然语言处理、知识追踪等技术，全面诊断学生对核心知识点的掌握情况。比如，针对语法知识的自主学习，智能助教系统可自动判别学生在语法结构应用、句型转换等方面的偏误，并给予个性化的纠错反馈。再如，面对词汇自主学习的检测需求，系统可智能分析学生的词汇用法得当性，揭示其词汇习得的薄弱环节。及时精准的学情诊断，帮助学生查缺补漏，为课堂讨论做好准备。

构建沉浸式、交互式的智慧学习空间，是人工智能赋能翻转课堂的题中应有之义。课堂是翻转学习的关键环节，调动学生参与的积极性、创设师生互动的多样形式，对学习效果至关重要。人工智能可助力构建沉浸感强、互动性佳的智慧课堂。比如，基于虚拟现实技术，可为英语演讲训练营造逼真的跨文化交际情境。学生在虚拟情境中分别扮演不同国籍的角色，开展头脑风暴、分组辩论，在思维的交锋与碰撞中提升口语表达能力。在智能语音识别、情感分析等技术的加持下，学生在虚拟情境中的言语互动能被准确转录、识别，并基于语义理解实时呈现互动的脉络。沉浸式体验带来的临场感，让学生在仿真情境中获得身临其境之感。而实时的数据可视化反馈，又能帮助学生监控讨论进程、优化互动策略，在言语交锋中达成共识、深化认知。

学习过程性数据的智能分析与反馈，是人工智能促进翻转课堂教学优化的重要抓手。基于机器学习、教育数据挖掘等技术，智慧教学系统可以全程采集学生在翻转课堂中的学习行为数据。通过对学生的课前自学行为、课中讨论互动、课后拓展训练等数据的多维分析，可精准刻画学生在翻转学习全流程的投入状态、能力结构等。教师借助数据可视化工具，如树状图、思维导图等，直观洞察学生在翻转学习不同环节的优势与短板。数据分析还能及时预警学习风险，甄别出讨论参与度低、语言输出能力弱等特征性问题，进而开展个性化的教学干预。此外，智能系统还能基于学习诊断，向学生推送个性化的学习资源和优化建议，鼓励其查缺补漏、自我完善。如此，师生在翻转的全流程中形成数据驱动的实时反馈闭环，共同助推教与学质量的提升。

项目情境的智能推荐与映射，是人工智能为项目化教学赋能的重要路径。在项目化教学中，情境选择的真实性、项目设计的开放性，对调动学生参与热情、培养其语言应用能力至关重要。借助知识图谱、语义分析等人工智能技术，教学系统可以从海量真实语料中智能提取与教学主题相关的多元化项目情境。比如，针对"环境保护"主题的项目教学，系统可从权威报刊、实时新闻等渠道，自动推荐与环保相关的社会热点事件，并基于难度分级、知识点映射，匹配不同水平、不同专业学生的学习需求。学生查阅系统推荐的相关图文音视频材料，在思辨气候治理困境、探讨塑料污染防治等真实情境中，提出环保倡议、制定行动方案，在做中学、学中做。此外，系统还可智能组合碎片化的情境，自动生成更加综合、开放的项目任务，为跨学科协作、思维拓展提供沃土。

多模态学习资源的智能生成与个性化推送，是智能技术助力项目化学习的另一着力点。在项目探究过程中，丰富多元的学习资源能有效拓宽学生视野，激发创新灵感。基于教育大数据分析、自然语言生成等人工智能技术，智能教学系统能够根据项目任务需求，自动生成个性化、立体化的学习资源。比如，在"中西方饮食文化对比"项目中，系统可针对学生的认知风格，智能推荐视觉型、听觉型等不同呈现方式的学习材料，满足学习偏好；针对项目探究的不同阶段，提供微课视频、动画演示、实景拍摄等梯度化的学习支架，引导学生在碎片化学习中培养信息整合能力。再如，系统还可根据项目进度和学生需求，利用知识图谱挖掘语义关联，动态扩展与主题相关的背景知识，培养学生广博的文化视野。个性化、碎片化、多元化的资源供给，让每个学生在项目探究中都能找到"适合的"和"需要的",在人机协同中实现最近发展的突破。

三、教学流程中的数据驱动决策

在当今高校英语教学的改革进程中,数据驱动决策已成为混合式教学模式的重要支撑点。人工智能的发展为这一过程提供了更精确的工具和方法,特别是对于大规模数据分析的能力,使得教学活动能够在个性化、动态化和实时反馈等方面产生显著提升。通过数据的全面收集与分析,教育工作者不仅能够更清晰地了解学生的学习轨迹,还可以针对性地调整教学策略,以最大化地发挥教学效能。

针对混合式教学模式,数据驱动决策的第一个核心步骤是数据的精准收集。人工智能技术的应用,使得教师能够收集到以往难以获取的学习数据,如学习者的在线行为、课堂参与度、作业完成情况等。借助智能化系统,教师能够了解学生的学习习惯、知识掌握程度,甚至情感状态。所有这些数据的收集,为决策的制定提供了充足的依据,教师在此基础上可以做出更加精确和高效的教学调整。在这种情况下,数据的及时反馈成为教学中的一项重要因素。通过对学习数据的实时分析,教师可以随时获取学生的学习状态报告,这种实时反馈机制使得教学过程变得更加灵活。当学生在某一学习任务中表现出较大的困难时,系统可以迅速提醒教师,并提供相应的解决方案。教师通过调整教学内容或方法,帮助学生克服困难,这种动态调整的机制大大提高了学生的学习效果。

随着教学进程的推进,数据驱动的教学反馈逐渐成为常规化操作。传统的教学反馈大多依赖于期末考试或阶段性测试,这样的方式存在滞后性和片面性,而现在,通过对学生日常学习数据的分析,教师能够及时掌握学生的学习进展,并对其表现进行反馈。这种即时性反馈的优势在于能够在学生偏离学习目标时迅速给予引导，帮助其及时修正学习方法或节奏，避免学习问题的积累。数据驱动还在教学评估中发挥了关键作用。基于数据的教学评估远比传统的纸笔考试更加全面和多样化。教师不仅可以通过学生的答题表现进行评估，还能从学习过程中的诸多行为数据中提取有效信息，如学生的参与度、学习时长、作业完成情况等。这些多维度的数据使得教师能够对学生的学习情况做出更为客观和细致的评估，从而更好地进行教学改进。

对于教学内容的设计，数据驱动同样提供了崭新的视角。过去的教学内容设计多依赖于教师的经验，而现在，通过对学生学习数据的分析，系统能够揭示出哪些教学内容在实际应用中更容易被学生接受和理解。教师可以借助这些数据，合理调整教学内容的呈现顺序、难度和深度，以确保课程内容能够最大限度地适应学生的需求。这种基于数据的内容设计，不仅提升了教学的针对性，也减少了教学资源的浪费。再者，数据驱动决策在课堂管理中也扮演着重要角色。借助智能系统，教师可以实时监控学生的课堂表现，无论是参与度还是注意力集中情况，都能够通过数据反馈呈现出来。当系统检测到学生的注意力有所下降时，教师可以及时采取措施，改变教学方式或调整课堂节奏，以保持学生的学习积极性。这种实时监控和动态调整的管理方式，大大提高了课堂的教学效率。

除了课堂管理，数据驱动的决策还可以延伸到课后的学习指导中。通过对学生在课后作业中的数据分析，系统可以为教师提供更加详细的学习报告，帮助教师了解学生在自主学习中的表现。对于表现突出的学生，教师可以通过系统为其提供更具挑战性的学习材料，而对于那些需要额外帮助的学生，教师可以制订针对性的辅导计划。这种课内外相结合的数据驱动教学，有助于学生在不同学习阶段获得连续性支持。同时，数据驱动的教学决策也为教师的职业发展带来了新的契机。通过分析教学数据，教师可以不断反思和改进自己的教学方法，及时发现哪些教学策略有效，哪些需要调整。这种自我提升的过程，不仅依赖于个人的教学经验，还受到系统化的数据支持，使得教学实践更加科学化、系统化。教师在这种数据驱动的环境中，不仅是知识的传递者，还是学习过程的设计者和优化者。

在数据驱动教学中，智能化评估工具也占据了举足轻重的地位。传统评估往往以单一的考试成绩作为判断学生学习成果的依据，而智能化评估通过分析学生的学习过程数据，如课堂参与、作业完成、考试表现等多维度信息，构建起全面的评估体系。这种评估方式不仅帮助教师更好地掌握学生的学习状况，还能够为学生提供详细的学习反馈，帮助其发现自己的学习优势和不足之处。数据驱动的教学决策还能够帮助教师预测学生的学习结果。通过对过往学习数据的分析，智能系统可以预测学生在未来学习中可能遇到的困难，并为教师提供相应的应对策略。教师可以据此提前制订教学计划，帮助学生预防学习障碍的发生。这种前瞻性的教学决策，使得整个教学过程更加主动化，而不是仅仅依赖于事后纠错。

第二节 个性化学习与自主学习能力培养

在当前教育技术迅速发展的背景下，个性化学习和自主学习能力的培养正逐渐成为高校英语教学中的核心议题。传统教学方式往往忽视了学生个体差异，而人工智能的引入为教师提供了更加精准的工具，帮助其根据每个学生的学习特点进行有针对性的指导。与此同时，随着学习资源的智能化和学习平台的多样化，学生可以更自主地掌控学习进度，并根据自身需求灵活调整学习策略。这一转变极大地推动了学生的学习效率和语言综合能力的提升。

一、基于人工智能的个性化学习路径设计

基于人工智能的个性化学习路径设计，正逐渐改变高校英语教学的传统模式。人工智能技术不仅能够分析海量学习数据，还能够深入洞察学生的学习习惯、知识掌握情况以及情感反应等多维信息。在此基础上，系统能够自动为每个学生生成符合其个体需求的学习路径。这种个性化的设计，不仅提升了学习的效率，还促使学生在英语学习中更加专注和投入。

这种路径设计的核心在于个体学习数据的精准分析。人工智能系统通过对学生学习行为的持续追踪，收集到丰富的学习数据，包括作业完成时间、课堂参与情况、测验结果等。这些数据通过深度学习算法处理后，能够为每个学生建立一份动态的学习档案。系统根据这些档案，调整学习内容的难度和进度，确保每个学生都能在适合自己的节奏中前进。这种以数据为基础的动态调整，使得学生能够在遇到困难时及时获得帮助，同时也为进展迅速的学生提供了更具挑战性的学习材料。

针对不同层次的学生，人工智能还能通过学习路径的灵活设计来满足多样化的需求。比如，系统会为语言基础较为薄弱的学生推送更多基础练习，而对于语言能力较强的学生，则推荐高阶阅读材料或复杂的写作任务。通过这些差异化的安排，每个学生都能在其能力范围内进行学习，避免了以往"千篇一律"的教学方式所带来的学习压力和学习倦怠。这种个性化的学习路径设计确保了不同层次学生的学习兴趣和参与度。个性化学习路径设计不仅体现在学习内容的推送上，还体现在学习反馈的多样化。传统教学中，学生的学习反馈通常局限于考试成绩或课堂表现，而通过人工智能，学生可以在学习过程中实时获得

反馈。当学生完成某项学习任务后,系统会根据其表现自动生成详细的反馈报告,指出其在某一知识点上的薄弱环节,并提供相应的复习建议。这种即时反馈机制帮助学生及时调整学习策略,避免学习误区的积累,从而提高学习的效率和质量。

　　人工智能的介入使得个性化学习的时间安排更加灵活。传统课堂教学通常依赖于固定的时间表,学生必须按照统一的进度完成学习任务,而个性化学习路径设计则允许学生根据自己的学习节奏自主安排学习时间。无论是在课前预习、课后复习还是自我强化阶段,学生都可以根据自身的需要灵活调整学习计划。这种时间的灵活性不仅提升了学生的学习自主性,还帮助他们在学习过程中更加有效地分配时间资源。与此同时,个性化学习路径设计也有助于解决学生在学习过程中的情感问题。人工智能系统不仅能够分析学生的学习数据,还能够通过语音识别、面部表情分析等技术,判断学生的情感状态。当系统检测到学生在学习过程中出现挫败感或焦虑情绪时,系统会自动调整学习任务的难度,并推送一些鼓励性的反馈,帮助学生缓解学习压力。这种情感关怀的设计,使得学生在学习过程中不仅能够获得知识的提升,还能保持积极的学习态度。

　　基于人工智能的个性化学习路径设计还推动了跨学科的学习模式。在传统教学中,英语教学通常局限于语言技能的训练,较少涉及其他学科的知识。而通过人工智能系统,学生可以根据自己的兴趣和学习需求,在英语学习中融入其他学科的内容。比如,系统可以为学生推送与其专业相关的英文文献,帮助其在语言学习的同时增加专业知识。这种跨学科的学习路径设计,不仅扩宽了学生的学习视野,还提高了其语言运用的实践性和针对性。

　　尽管个性化学习强调学生的独立学习能力,但社交互动在学习过程中同样不可或缺。人工智能系统可以根据学生的学习兴趣和能力,自动为其匹配学习伙伴,帮助其在合作学习中互相促进。系统通过分析学生的学习行为,选择具有相似学习目标或互补学习能力的学生进行小组学习，增强学习的互动性。这种基于数据分析的社交互动设计，不仅提升了学生的合作学习能力，还为其提供了更多交流与讨论的机会。

基于人工智能的个性化学习路径设计在提高学习动机方面也展现出了显著的效果。系统通过对学生学习兴趣的分析，为其推送符合兴趣的学习内容，激发其学习动机。学生在学习过程中通过完成系统为其设计的个性化任务，获得学习成就感，从而增强学习的持久性。这种积极的反馈循环，有助于学生在学习过程中保持高度的学习热情和积极性。

数据隐私问题在个性化学习路径设计中也受到了广泛关注。尽管人工智能能够为学生提供高度个性化的学习体验，但学生的个人数据安全同样需要得到保护。系统在数据采集和分析过程中，必须严格遵守数据隐私保护的相关规定，确保学生的个人信息不被泄露或滥用。教师和教育机构在应用这些技术时，也需要增强数据安全意识，采取有效措施保护学生的隐私。个性化学习路径设计还帮助学生提升了自我反思的能力。通过系统生成的学习报告，学生可以清晰地看到自己的学习进展和存在的问题。这种透明化的学习过程，促使学生在学习中不断进行自我反思，及时调整学习策略，避免重复犯错。这种能力的培养，有助于学生在未来的学习和生活中更加独立地解决问题，提高学习和工作效率。

二、智能评估系统与反馈机制

当前人工智能技术快速发展的背景下，智能评估系统成为高校英语教学中不可或缺的组成部分。这些系统依赖于复杂的算法和大数据分析，不仅能够全面评估学生的学习表现，还能够通过个性化反馈机制帮助学生提升学习效果。与传统的评估方式不同，智能评估系统具备高效、精确和动态调整的特点，为学生和教师提供了实时、具体的学习数据分析。

智能评估系统通过多维数据的收集和分析，对学生的学习行为进行全方位的评估。学生在学习过程中的表现，如课堂参与度、作业完成情况、考试成绩等，都会被系统自动记录下来，并通过深度学习算法进行处理。这种基于数据的评估方法打破了传统单一维度的评估模式，使得学生的学习过程更加透明化。教师不仅可以掌握每个学生的整体学习进度，还能够通过具体的数据分析，发现学生在某些学习环节中的不足，并采取相应的措施进行改进。通过智能评估系统生成的反馈报告，学生可以清晰地了解到自己的学习优势和薄弱环节。这些反馈并不仅仅停留在表面，而是通过深层次的数据挖掘，为学生提供具有针对性的改进建议。不同于传统的考试成绩反馈，智能评估系统提供的反馈更加详细和及时。当学生完成某项学习任务后，系统能够即时生成反馈报告，帮助学生及时调整学习策略。这种即时性反馈机制使学习变得更加灵活、高效，学生不再需要等待期末考试的成绩来评估自己整个学期的学习效果。

智能评估系统不仅能够对学生进行个体化的评估，还能够通过分析群体学习数据，发现班级或年级整体的学习趋势。系统通过对大量学生数据的分析，揭示出某一学习环节或知识点上普遍存在的问题，帮助教师调整教学策略。这种基于数据的集体评估方式，不仅提高了教学的针对性，还能够帮助教师在教学设计中更加注重不同学生群体的需求。

智能评估系统在评估方式上的多样化也是其一大亮点。不同于传统的笔试或口试，智能系统能够通过多种形式的测试，如在线测验、模拟对话、写作分析等，多角度评估学生的语言能力。通过这些多样化的测试形式，系统能够更加全面地反映出学生在听、说、读、写等各个方面的能力和水平。教师可以依据这些评估结果，针对性地调整课程内容和教学方法，帮助学生在薄弱环节上获得提高。

智能评估系统的反馈机制也具有高度的个性化特征。每个学生在学习过程中都有不同的需求和挑战，系统能够根据这些个性化数据，为学生提供定制化的学习建议。这种反馈机制不仅帮助学生明确了自己的学习目标，还为其提供了具体的改进方向和学习路径。通过这些个性化反馈，学生能够在学习中不断优化自己的学习策略，避免在同一问题上反复出现错误，从而提升整体学习效果。从另一角度看，智能评估系统的自动化功能也显著减轻了教师的工作负担。在传统教学中，教师往往需要花费大量时间进行作业批改、考试评分等烦琐工作，而通过智能系统，这些任务能够自动完成。系统不仅能够迅速完成评估任务，还能提供详尽的评估报告，帮助教师更好地了解学生的学习情况。这种自动化评估方式，不仅提高了教学效率，还为教师留出了更多时间，用以设计更有针对性的教学活动和互动环节。

　　智能评估系统还为学生的自我评估和自我管理能力提供了有力支持。通过系统生成的学习报告，学生可以对自己的学习表现进行全面的反思和分析，发现学习中的问题并采取相应措施进行改进。系统的反馈报告不仅能够为学生提供具体的学习数据，还能够根据学生的学习情况，推送适合其学习能力的复习材料和练习题。这种基于反馈的自我评估机制，有助于学生在学习过程中培养起更强的自主学习能力和反思能力。不仅如此，智能评估系统的反馈机制还体现在学习目标的个性化设定上。系统根据学生的学习数据，能够为每个学生设定符合其水平和学习进度的个性化学习目标。这些目标不仅具有挑战性，还具备可实现性，帮助学生在学习过程中获得成就感和动力。教师可以根据系统提供的反馈报告，帮助学生进一步优化学习目标，确保每个学生都能够在适合自己的学习路径上稳步前进。

　　智能评估系统的另一大优势在于其对学生学习情绪的分析能力。通过语音识别、表情分析等技术，系统能够判断学生在学习过程中的情绪波动情况，并根据这些数据调整学习任务的难度和反馈方式。对于表现出焦虑或不安的学生，系统会适时推送一些鼓励性的反馈，帮助其缓解学习压力，提升学习信心。这种情感化的反馈机制，不仅提高了学生的学习积极性，还为其提供了更加人性化的学习体验。进一步探讨，智能评估系统的反馈机制不仅面向学生个体，还可以帮助教师进行教学反思。系统通过对学生集体学习数据的分析，能够揭示出教师在教学过程中存在的不足之处，并为其提供改进建议。教师通过这些反馈报告，可以更加清晰地了解自己在教学设计、课堂管理等方面的不足，并及时调整教学策略，以提高整体教学效果。这种基于数据的教学反思机制，推动了教师教学能力的不断提升。

在实际操作中，智能评估系统的应用不仅限于课堂内的教学评估，还可以延伸到课外学习活动的评估。学生在课后进行的自主学习、课外阅读、在线练习等，都会被系统记录下来，并纳入学习评估的范畴。系统根据这些数据，为学生生成完整的学习档案，并提供全面的反馈报告。这种课内外相结合的评估机制，帮助学生在不同学习场景中保持连续性，同时也为教师提供了更加完整的学习数据。不仅如此，智能评估系统在教学资源的推荐上也起到了至关重要的作用。系统通过分析学生的学习数据，能够为其推荐最适合的学习资源。这些资源不仅包括课本、视频等传统学习材料，还包括模拟测试、练习题、学习平台等数字资源。通过这些精准的资源推荐，学生能够根据自己的学习需求，有针对性地进行复习和拓展学习，进而提高学习效率。

在智能评估系统的帮助下，学生能够更好地掌握知识点的学习进度。系统通过对学生作业和考试成绩的分析，能够发现学生在哪些知识点上掌握不足，并为其提供个性化的复习建议。这种基于数据的精准反馈，有助于学生在学习过程中更加高效地查漏补缺，避免知识点的遗漏和偏差，从而提高整体学习效果。智能评估系统的反馈机制在促进师生互动上也起到了积极作用。通过系统生成的反馈报告，教师能够实时了解学生的学习进展，并根据这些数据进行个性化的教学辅导。学生也可以通过反馈报告，向教师提出问题和建议，促进师生之间的双向沟通。这种基于数据的互动机制，不仅提高了学生的学习参与度，还增强了教师在教学中的指导作用。

第三节　人工智能时代高校英语混合式教学模式构建

在我国，高等教育的英语教学一直将提升学生的实际语言运用能力作为核心教学目标。传统的课堂教学在知识传授和语言基础训练方面具有优势，但仅依靠课堂教学无法全面提高学生的语言应用能力。因此，一种结合线上和线下教学的混合式教学模式逐渐在高校英语教学中受到广泛关注。这种模式既保留了传统课堂教学的优势，又能有效补充课外练习，从而提升学生的语义理解和个人表达能力。混合式教学模式通过线上平台，为学生提供丰富的学习资源，便于学生自主学习和交流。线下课堂教学则着重于解答学生的疑问、进行语言实践和互动，以及培养学生的团队合作能力。这种模式在提高学生语言应用能力的同时，也有助于培养他们的自主学习能力和创新精神。此外，混合式教学模式还为引入人工智能等现代教育技术提供了广阔的空间。通过与人工智能技术的结合，英语教学可以实现个性化、智能化和高效化，进一步提升教学质量。

然而，混合式教学模式在高校英语课堂的整合过程中遇到了诸多困难。长期以来，传统教学模式在我国教育体系中占据主导地位，其影响深远。一些教师和学生在面对新型教学模式时，可能存在观念上的抵触和技能上的不足。此外，线上教学平台的功能完善程度、学生网络素养等方面也存在一定的问题。为解决这些问题，我们需要采取科学且合理的策略推动混合式教学模式与人工智能的整合。首先,加强教师培训,提升教师运用混合式教学模式和人工智能技术的能力。通过定期举办培训班、研讨会等形式,使教师深入了解新型教学模式的优势和应用方法。其次,优化线上教学平台,提高其功能性、互动性和便捷性,以满足不同学生的学习需求。同时,鼓励学生充分利用线上资源,培养自主学习意识,提高网络素养。此外,我们还应建立科学的评价体系,以全面、客观地评估学生的语言应用能力。在评价过程中,注重学生的过程表现,充分考虑线上和线下的学习成果。通过合理评价,激发学生的学习兴趣和动力,促使他们更加投入混合式教学模式和人工智能技术的应用。

一、混合式教学模式的应用价值

从我国高等教育的角度来看,混合式教学模式的实用价值主要表现在以下几个方面。

(一)优势互补

在语言学习过程中,传统的面对面教学和网络化的自主学习各有所长,但也存在一定的局限。混合式教学模式能够有效地将这两种教学方式的优势进行结合,实现长短互补,从而达到优化教学效果的目标。

(二)能力提升

语言学习不仅需要基础知识的学习,更注重实际应用能力的培养。传统的教学方式往往难以全面提高学生的实践能力。混合式教学模式利用丰富的网络资源,突破了地域和时间的限制,为学生提供了更加广泛的学习途径,有助于健全知识体系,也为提升学生的跨文化交际能力奠定了基础。

(三)教学创新

混合式教学模式的推广和应用,有助于推动教学方法的多样化和创新。通过融合线上和线下的教学优点，灵活运用多种教学工具，根据不同的教学内容选择最适合的混合式教学策略，不仅能够为学生提供更好的学习支持，还能活跃课堂气氛，提高教学的实际效果。

二、人工智能视角下的高校英语混合式教学模式应用途径

（一）听力训练：利用语料库实现自动化资源匹配与交互

听力训练是英语教学中的基本环节，对提高学生的语言运用能力至关重要。丰富的听力资源以及其与学生学习需求的匹配度直接影响学习效果。因此，在构建高等教育英语混合式教学模式时，可以充分利用人工智能技术来拓展听力训练资源，通过庞大的语料库实现自动化匹配和互动功能，帮助学生快速找到符合自己需求的听力材料，并进行有针对性的练习。

1. 自动化资源匹配

学生可以在人工智能系统中录入个人基本信息，如年龄、学习阶段、英语听力水平以及特定训练方向等。系统将根据这些数据自动筛选并推送适合的听力材料，从而省去了手动搜寻资料的烦琐过程。例如，一个初学者可能需要更多基础词汇和简单句型的听力材料，而高级学生则可能需要更复杂的对话和专业领域的听力内容。系统能够根据学生的需求，提供个性化的听力资源，确保每个学生都能在适合自己的水平上进行有效练习。

2. 互动性与情境性提升

为了增强线下课堂的学习互动性和情境性，可以进一步利用人工智能的自动识别技术。学生可以根据自己的学习需求，扫描各类物品，系统将根据所识别的物品类别，自动提供相关的听力练习素材。这种互动方式使学生能够在多样化的情境中获得更好的学习体验。

例如，当学生扫描"手机"这一物品时，系统可以从语料库中自动筛选出

与手机相关的听力材料,如关于"手机与现代生活的关联"(The Relevance of Mobile Phones and Modern Life)的主题素材。学生可以根据这些听力内容进行自主练习,从而避免了传统重复性训练的单调枯燥,提升了学习的针对性和趣味性。

3. 具体应用场景

个性化推荐:系统根据学生的基本信息和历史学习记录,推荐最适合他们的听力材料。例如,对于一个对科技感兴趣的中级学生,系统可能会推荐关于最新科技产品的听力材料。

实时反馈:学生在完成听力练习后,系统可以提供实时反馈,指出发音错误和理解偏差,并给出改进建议。

情境模拟:通过虚拟现实或增强现实技术,系统可以创建各种真实场景,让学生在模拟环境中进行听力练习。例如,学生可以在虚拟的机场、餐厅或办公室环境中进行听力训练,增强实际应用能力。

多模态学习:系统可以结合音频、视频、图片等多种媒体形式,提供多模态的学习体验。例如,学生可以观看一段关于旅行的视频,并在观看过程中进行听力练习。

通过这些方法,人工智能技术不仅能够为学生提供丰富的听力资源,还能通过自动化匹配和互动功能,提升学习的针对性和趣味性。这不仅有助于提高学生的听力水平,还能培养他们在实际生活中的语言应用能力。最终,这种综合性的教学方法将为学生提供更加高效和个性化的学习体验,全面提升他们的英语水平。

(二)写作指导:利用自动批改功能实现查漏补缺

英语写作教学是提升学生词汇表达和语法运用能力的关键部分。然而,传统的英语写作教学因为主题范围有限和批改过程的主观性,学生的创造力和对自身英语写作能力的客观认识受到了限制。因此,引入人工智能技术进行英语写作指导,可以通过线上和线下两个渠道,利用框架构建和自动批改功能,帮助学生自我反思和找出不足,从而提高学生的书面表达能力。

在英语写作教学中,线上和线下资源的结合可以为学生提供更全面和有效的指导。这种混合式教学模式不仅能够利用人工智能技术的优势,还能通过面对面的互动提升学生的写作技能。

1. 线上写作任务布置

在线上教学阶段,教师可以给学生布置以特定话题或关键词为主题的写作任务,例如"经济全球化"。在学生使用人工智能支持的写作系统进行创作时,系统会根据主题和学生的初步思路提供一系列辅助工具。这些工具包括框架模板、相关词汇和句型参考,帮助学生构建清晰的逻辑结构,并实现更深层次的表达。

2. 线下课堂回顾与修改

在面对面的线下教学中,学生首先回顾经过系统自动批改的作文和反馈意见。他们可以总结系统指出的优点和不足,并整理在写作过程中遇到的疑问。

在课堂上,学生根据系统和教师的反馈意见,对作文进行修改和完善。这个过程不仅有助于学生纠正错误,还能加深他们对写作技巧的理解。

3. 综合评价机制

教师会根据写作主题给出主观评价,并结合系统的客观反馈,形成主客观相结合的综合评价机制。

通过这种方式,学生在写作过程中得到了全面的指导,并能够在客观反馈的基础上进行针对性改进。这不仅提升了他们的写作技能,还增强了他们的自主学习能力和批判性思维能力。

（三）翻译练习：利用云平台技术实现重难点突破

英语翻译是一个需要大量词汇储备和听力训练的语言转换过程，它对学习者的语法运用、实时分析以及表达组织能力有较高的要求。因此，在学习过程中，如何提高翻译的准确性成为一个重要的教学课题。利用人工智能支持的云平台技术，英语翻译教学有望实现新的突破。一方面，云平台可以通过模拟真实语言环境来帮助学生快速融入。例如，在传统课堂中，可以利用人工智能技术构建逼真的语言场景，如根据文本内容自动匹配并展示相关的视听素材，让学生感受到身临其境。当学生翻译"有一段时间，天气突然变化，路上的行人都在寻找避雨的地方"这个句子时，系统能自动捕捉到"避雨"这一关键词，并播放相关的音效和影像，助力学生更好地理解语境。另一方面，云平台可以通过拆分知识模块来帮助学生梳理语句间的逻辑关系，从而提高翻译的准确性。在情境中完成翻译练习后，学生可将自己的翻译成果上传至线上云平台。云平台将根据翻译内容生成动态的评价链条，对学生的翻译成果进行量化评估，协助学生迅速识别出重点和难点，并对不同知识模块进行针对性练习。通过这种方法，学生在真实的语言环境中锻炼翻译能力，同时通过云平台提供的反馈和评估系统，更加高效地提升翻译的精准度。

（四）口语对话：利用人工智能机器人进行一对一交流

在我国高等教育的英语教学中，提升学生的实际语言运用能力始终是核心目标。口语对话练习在教学过程中占据着重要地位，直接影响学生能否将课堂所学转化为实际的语言运用能力。引入人工智能技术极大地解决了英语课堂中对话组织困难的问题，为学生提供了更多实践机会。

1. 线上自主练习

在线上自主练习时,学生可以根据自己的需求设置关键词或主题,与人工智能机器人进行一对一的对话练习。这种聊天式的互动不仅达到了口语训练的目的,还能帮助学生克服与真人对话时可能出现的害羞心理,从而在轻松的环境中激发他们的表达能力。

2. 线下课堂教学

在线下课堂教学中,人工智能机器人同样可以提升口语练习的效果。例如,在组织小组口语练习时,为了避免话题匮乏或对话困难,可以借助智能机器人提供的一些固定的对话框架或句型结构。机器人能根据每个小组成员的弱点,智能地调整对话的难度和层次,从而提升整个对话练习的效果。

通过这种线上线下结合的教学模式,学生能够在多方面的支持下不断提升口语表达能力,培养良好的语言运用习惯,为未来的学习和职业发展打下坚实的基础。这种方式不仅提高了教学效果,还增强了学生的自主学习能力和实际应用能力。

第四章 人工智能时代的英语教学资源开发与利用

在现代教育的快速变革中,技术的发展为教学资源的开发与利用带来了全新的机遇。人工智能技术的广泛应用,打破了传统教学资源的局限,使得教师和学生能够接触到更加丰富、灵活的学习材料。借助智能化平台,教学资源不仅能够根据学习需求进行个性化定制,还可以通过多模态的形式呈现,满足不同学习风格和水平的学生。在这种背景下,资源的生成和分配不再是单一的教材形式,更多元化的学习材料让教学变得更加高效。同时,资源的共享和再利用成为可能,提升了整体教育质量,推动了教学模式的变革与创新。

第一节 人工智能驱动的英语教学资源生成

随着人工智能技术的不断发展,教学资源的生成和利用方式正发生着深刻的变革。传统教学中,教材和课件的制作往往需要大量的人力和时间,而人工智能的引入为这一过程带来了极大的效率提升。通过智能化平台,资源生成不仅变得更加快捷,还能够根据学习者的不同需求进行个性化的调整。这种动态化的生成方式，使得教学材料更加贴近学生的实际需求，教学内容的精准性和实用性也得到显著提升。在这一背景下，教师的角色逐渐从资源提供者转变为资源的引导者和整合者。

一、数字教材与内容定制

数字教材通过数据分析，更精准地匹配每个学生的需求。每个学生在学习过程中表现出的优点与薄弱环节，都可以通过智能系统得到全面的记录和分析。基于这些数据，系统能够自动为学生推荐适合他们的学习材料和任务。这样一来，学生不再局限于统一的教材内容，而是能够获得与自己水平和需求更加契合的学习资源。这种针对性强的资源分配，不仅提升了学习效率，还增加了学生的学习兴趣。数字教材不仅能够提供个性化的内容，还可以根据学生的学习进展实时更新内容。传统教材的固定性使得其内容无法适应学生在学习过程中不断变化的需求，而数字教材则不同，它可以根据学生的反馈和表现，自动调整内容的难度和形式。比如，学生在某一知识点上反复出现错误，系统可以自动为其推送更多相关的练习和解释，帮助其更好地掌握该知识点。相反，如果学生在某一方面表现出较强的理解力，系统则会自动为其提供更加复杂的材料，进一步提升其学习深度。

数字教材的生成依赖于大量的学习数据和模型，这使得教师的角色也在发生变化。教师不再仅仅是知识的传授者，他们更多地成了数字教材的设计者和监督者。教师通过对学生学习数据的观察和分析，能够为智能系统提供必要的反馈，从而帮助系统更好地调整教材内容。数字教材的动态性和灵活性，使得教师在教学过程中能够更好地发挥其引导和支持作用。不同于传统教材以文字为主的单一形式，数字教材可以通过音频、视频、互动练习等多种媒介，将抽象的知识点以更具吸引力的方式呈现给学生。比如，对于语言学习中的发音练习，智能系统可以通过语音识别技术，自动为学生提供发音的纠正和建议，使其在实际应用中获得更为直观的反馈。这种多感官的学习体验，不仅帮助学生更好地理解和记忆知识，也增强了他们的学习乐趣。

语言学习涉及的内容广泛，涵盖了词汇、语法、文化背景、语言应用等多个方面，而每个学生的需求和兴趣也有所不同。智能系统能够通过对学生的学习记录和表现进行综合分析，自动为其推送与之匹配的学习内容。比如，对于语言基础较为薄弱的学生，系统会推荐更多的基础词汇和语法练习；而对于具备一定语言基础的学生，系统则会提供更多的语言应用和文化背景的内容。这种精准的内容定制，使得语言学习变得更加高效和有针对性。不同的学生在语言学习中可能有不同的目标，有些学生希望提高学术写作能力，有些学生则更关注日常交流技能。传统教材难以同时满足这些不同的学习需求，而智能系统则能够通过对学习目标的分析，定制相应的学习内容。比如，系统可以为需要提高写作能力的学生推送更多的写作练习和范文分析，而对于需要提高口语交流能力的学生，系统则会提供更多的听力和口语练习。这种根据学习目标进行内容定制的方式，使得每个学生都能够在最短的时间内达到自己的学习目标。

数字教材的生成不仅限于学生端，教师也可以通过智能化平台获得个性化的教学资源。智能系统能够根据课堂的教学内容和目标，为教师提供与之匹配的教学材料和案例。教师可以根据学生的实际情况，灵活调整教学内容，确保课堂教学的针对性和实效性。系统还可以为教师推荐最新的教学资源和研究成果，帮助教师不断更新教学内容和方法，从而提升整体教学质量。每个学生的学习速度和能力各不相同，智能系统能够根据学生的学习表现，实时调整学习进度。对于进度较快的学生，系统会加快内容推送的速度，帮助其在较短时间内掌握更多的知识；对于学习较慢的学生，系统则会减缓内容推送的节奏，确保其有足够的时间消化和理解每一个知识点。这种动态调整的学习进度，不仅避免了学生在学习过程中的焦虑和压力,还保证了学习效果的稳步提升。

除了对内容的定制,数字教材还能够为学生提供个性化的学习反馈。通过对学生学习数据的分析,系统可以及时发现学生在学习过程中存在的问题,并为其提供有针对性的反馈和建议。比如,系统可以根据学生在练习中的错误类型,推送相关的解释和示例,帮助学生理解错误的原因并进行改进。这种即时的反馈机制,不仅提高了学生的学习效率,也增强了他们的学习信心。从技术的角度来看,数字教材的生成过程涉及多个复杂的算法和模型。系统通过对学生学习行为的监测,利用机器学习算法不断优化内容生成的过程。通过对大量学习数据的分析,系统能够识别出学生在不同学习阶段的需求,从而为其推送最合适的学习资源。与此同时,智能系统还能够根据学生的反馈,调整内容的呈现方式和难度,确保每个学生都能够在最适合的环境中进行学习。

学生可以根据自己的学习需求和生活节奏,自主选择学习时间和内容,而智能系统会根据其选择自动调整学习计划。比如,学生可以选择在特定时间段进行某一知识点的学习,系统会为其定制相应的学习任务和练习。这种灵活的学习安排,不仅适应了现代学生多样化的生活方式,还提升了学习的自由度和自主性。数字教材的内容生成还能够结合多样化的学习评估方式。传统的评估方式往往依赖于考试和作业,而智能系统则能够通过对学生学习过程的全程监控,提供更加全面和准确的评估结果。系统可以根据学生的学习表现,自动生成学习报告,帮助教师和学生更好地了解学习进展和存在的问题。这种基于大数据的评估方式,不仅提高了评估的准确性,还为教学改进提供了有力的支持。

二、人工智能生成的学习材料与考试题库

人工智能系统能够通过数据分析,实时监测学生的学习进展,从而为学生

生成个性化的学习材料。根据学生的学习表现，系统可以分析出学生在某些知识点上的不足，并为其推送相关的学习材料。这种智能生成的材料不仅可以帮助学生巩固已有知识，还能够为学生提供额外的扩展内容，拓展其学习的深度和广度。比如，系统可以根据学生的学习进度生成针对性的阅读材料、听力练习或写作任务，以满足他们的不同学习需求。随着技术的不断发展，人工智能生成的学习材料不仅能够根据个体学生的学习情况进行调整，还能够为不同班级、不同学校的学生提供适应性强的资源。智能系统可以分析一个班级或群体的整体表现，识别出集体在学习过程中的薄弱环节，从而生成集体性学习材料，供教师进行统一教学。教师不必再为每个班级设计不同的学习材料，而是可以根据智能系统的建议，快速调整和优化教学内容，以便更有效地解决学习中的共性问题。

人工智能生成的学习材料还能够根据学生的学习习惯和兴趣进行个性化的推荐。系统通过收集学生在学习过程中的行为数据，如学习时间、阅读习惯、练习频率等，为学生推荐适合其学习风格的材料。比如，对于喜欢阅读的学生，系统会推荐更多的阅读文章和相关材料；而对于更偏向听力学习的学生，系统则会推送更多的听力练习和音频资料。这种针对性强的推荐机制，不仅提升了学生的学习体验，还大大提高了学习效果。传统的考试题库往往需要教师手动设计和编写，题目的多样性和更新频率受到限制。而人工智能系统可以根据学生的学习进展和知识掌握情况，自动生成多样化的考试题目。通过大数据分析，系统能够准确评估学生的知识水平，并根据其表现自动调整题目的难度。比如，对于掌握较好基础知识的学生，系统会生成难度较高的题目，以帮助其进一步提升；而对于基础较为薄弱的学生，系统则会生成较为基础的题目，帮助其巩固基础知识。

此外，人工智能生成的考试题库不仅能够涵盖更多的知识点，还能够根据考试需求和学生的表现进行动态调整。教师可以利用这一功能，根据不同的教学目标和评估标准，灵活选择题目类型和难度，确保考试题库的多样性和有效性。通过系统生成的题库，教师不仅可以更加高效地设计测验和考试，还可以在考试后通过数据分析及时获取学生的学习反馈，从而调整后续的教学计划。传统题库由于题目数量有限，学生在多次练习中可能会遇到重复题目，影响练习效果。而人工智能系统可以通过算法，自动生成不同的题目和题型，确保学生每次练习时都能接触到新的内容。这种题库的动态生成机制，不仅提升了学生的练习体验，还大大增强了学习材料的丰富性，使学生在多次测试中能够全面掌握知识点。

系统通过分析学生的答题情况，能够识别出学生在某些知识点上的薄弱环节，并根据这些表现为学生推送相应的练习题目，帮助他们进一步巩固知识。学生可以在考试后立即获得反馈和改进建议，而不必等待教师批改和分析。这种即时反馈的机制，不仅提高了学习效率，也增强了学生的学习动力和参与感。此外，人工智能生成的题库还能够为不同类型的考试需求提供支持。无论是阶段性的课堂测验、期末考试，还是语言水平测试，人工智能系统都可以根据考试目的和学生的学习进展自动生成相应的题目。教师可以根据考试的目标，灵活设置题库的内容、难度和题型，确保考试的公平性和有效性。系统生成的题库不仅涵盖了大量的知识点，还可以根据具体的教学目标，生成更具针对性的考试题目，帮助教师更全面地评估学生的学习情况。

传统考试题目多以选择题、填空题、问答题等形式呈现，而人工智能生成的题库可以根据不同学习内容，设计出更加丰富的题型。比如，在语言学习中，人工智能可以生成听力理解、语法填空、阅读理解等多种题型，使得考试更加贴合学生的语言运用能力。此外，人工智能还可以根据学生的实际应用需求，生成更加接近真实情境的考试题目，帮助学生在语言学习中获得更为全面的能力提升。人工智能生成的学习材料与题库还具备动态更新的特点。系统可以根据最新的学习成果和知识更新，自动对学习材料和考试题库进行调整，确保学生接触到最新、最有效的学习资源。这种动态更新机制，使得教师无须频繁手动更新教学材料，系统会根据数据自动生成新的学习资源和题目，确保学习内容与时代和需求同步，提升学生的学习效果。

从教学管理的角度看，人工智能生成的题库和学习材料也为教师的教学管理提供了更多的支持。教师可以通过智能系统，随时查看学生的学习数据和考试成绩，并根据这些数据调整教学策略。系统自动生成的学习材料和题库为教师节省了大量的时间和精力，使得教师能够将更多的精力集中在课堂教学和个性化辅导上。这种智能化的教学管理方式，不仅提升了教学的效率，也增强了教学的个性化和灵活性。在学习评估方面，人工智能生成的题库为教师提供了更加全面的评估工具。教师可以通过系统，设计多种类型的考试和评估方式，以便全面了解学生的学习进展。系统根据学生的考试结果，自动生成学习报告，帮助教师发现学生在学习过程中的优势和不足。通过这种数据驱动的评估方式，教师可以更加科学、精准地调整教学内容和节奏，确保每个学生都能在合适的学习节奏中不断进步。

从学生的角度看，人工智能生成的题库和学习材料为他们提供了更加个性化的学习支持。学生不再依赖于固定的教材和题库，而是可以根据自己的学习进度和需求，随时获取适合自己的学习资源和练习题目。这种灵活性和个性化的学习体验，使得学生在学习过程中能够更加主动和自主，提升了学习的积极性和效率。人工智能生成的学习材料和考试题库还能够根据不同的学习场景进行定制。比如，学生在课堂上的表现和课外的自主学习方式可能有所不同，系统可以根据不同的学习场景，生成适合的学习资源和练习内容。教师可以利用这种定制化的学习资源，设计出更加灵活的教学方案，确保课堂教学与课外学习的有机结合。这种场景化的学习资源生成方式，为学生提供了更加完整和连贯的学习体验。

三、虚拟教师与在线学习资源

虚拟教师的一个重要特点是其全天候的可用性。与传统课堂中教师的固定授课时间不同，虚拟教师可以随时随地为学生提供学习支持。学生可以在任何时间通过智能设备与虚拟教师进行交流，无论是解答学习中的疑惑，还是进行语言练习，虚拟教师都能够根据学生的需求提供实时反馈。这种灵活性为学生提供了更多的自主学习机会，也极大增强了学习的便捷性和个性化。学生在进行口语练习时，虚拟教师能够通过语音识别技术，准确判断学生的发音是否正确，并及时给予反馈。系统还能够通过分析学生的语音特点，为学生提供发音纠正建议，帮助他们逐步提升口语表达能力。通过这种实时的语音反馈，学生能够在短时间内有效提高自己的发音准确性和语言流利度。

每个学生在学习过程中表现出的学习风格和习惯各不相同，虚拟教师通过数据分析，能够为每个学生量身定制学习计划。比如，系统可以根据学生在某一知识点上的掌握情况，自动为其安排相应的补充练习，确保学生能够在理解和掌握每一个知识点的基础上进行深入学习。这种个性化的学习支持，使得学生能够在适合自己的节奏中稳步提高语言能力。此外，虚拟教师的出现为大规模教学中的个性化辅导提供了可能。在传统教学中，由于班级规模较大，教师往往无法兼顾每一个学生的学习需求。而虚拟教师可以通过对学生学习数据的实时监测，随时为学生提供个性化的指导和建议，无论学生处于何种学习阶段，虚拟教师都能够针对性地帮助学生解决学习中的问题。这样，学生不仅能够得到更多的学习支持，教师的教学压力也得到了有效缓解。

虚拟教师与在线学习资源的结合，进一步丰富了学生的学习体验。在线学习资源包括视频课程、电子教材、互动练习等多种形式，学生可以根据自己的学习需求，通过虚拟教师的推荐获取相应的学习资源。虚拟教师会根据学生的学习进展，自动为其推送适合的学习材料，帮助学生更好地掌握知识。比如，系统可以为学生推荐与当前学习内容相关的扩展阅读，或者提供互动式的听力和写作练习，以强化学生的语言运用能力。学生在课堂上学习到的知识，往往需要通过课后复习和练习才能巩固，而虚拟教师能够在课后继续为学生提供学习支持。系统会根据课堂上教师讲授的内容，自动生成相应的练习题目和任务，并为学生提供个性化的反馈，帮助学生加深对课堂知识的理解和应用。这种课内外结合的学习模式，确保了学生能够在课堂之外继续获得高质量的学习资源和指导。

系统通过对学生学习数据的分析，可以自动生成学习报告，学生可以根据报告内容，及时调整自己的学习策略。教师也能够通过这些数据，更好地了解学生的学习状态，从而为其提供更加有针对性的辅导和建议。这种基于数据的即时反馈机制，使学习过程变得更加透明和高效。从技术的角度来看，虚拟教师的实现依赖于强大的人工智能算法和数据分析能力。系统通过对大量学习数据的处理和分析，不断优化虚拟教师的教学策略和反馈机制，确保每一个学生都能够得到最合适的学习支持。无论是在语法学习、口语练习还是写作指导方面，虚拟教师都能够根据学生的具体表现，灵活调整教学内容和方式，提供个性化的学习体验。

同时，虚拟教师在语言学习中的应用，也大幅提升了学生的学习积极性。学生可以通过虚拟教师随时随地进行学习，无须等待课堂上的教师指导，这种学习的灵活性和即时性，为学生提供了更多的自主学习机会。通过虚拟教师的引导，学生能够更加主动地参与到学习过程中，提升了学习效果和语言掌握的熟练度。在传统教学中，学生的语言学习往往局限于课堂上的模拟对话，而虚拟教师通过语音交互，能够为学生提供更加真实的语言应用场景。比如，学生可以通过与虚拟教师进行日常对话练习，提升自己的语言表达能力和交际技巧。这种沉浸式的语言学习体验，帮助学生在实际生活中更加自如地运用语言。

虚拟教师的另一个重要功能是能够为学生提供学习计划和时间管理支持。学生在进行自主学习时，往往难以合理安排学习时间和任务，而虚拟教师能够根据学生的学习进展，自动生成合理的学习计划，帮助学生更好地管理学习时间。系统会根据学生的表现，灵活调整学习计划的内容和节奏，确保学生能够在适当的时间内完成学习任务。这种智能化的学习管理机制，为学生提供了更加科学和有效的学习支持。系统可以设计各种基于语言学习的互动游戏，学生在游戏中不仅可以锻炼语言能力，还能够获得学习的成就感。这种寓教于乐的学习方式，不仅增强了学生的学习积极性，还帮助他们在轻松愉快的氛围中掌握语言知识。这种互动式的学习体验，大幅提升了学习的乐趣和效果。

在线学习资源在虚拟教师的辅助下，也变得更加丰富和灵活。教师可以根据课程需求，选择和推荐适合学生的在线学习资源，而虚拟教师则会根据学生的学习情况，灵活调整这些资源的使用方式。比如，系统可以在学生完成一段学习内容后，自动推荐相关的视频课程、听力材料或互动练习，帮助学生进一步加深对知识的理解。这种灵活的资源推荐机制，使学习过程更加个性化和有针对性。语言学习不仅仅是对语言知识的掌握，还包括对文化背景的了解和认知。虚拟教师可以通过在线资源，为学生提供来自不同文化背景的语言材料和互动活动，帮助学生在学习语言的同时，增强对不同文化的理解。这种跨文化的学习体验，不仅提升了学生的语言能力，也增强了他们的跨文化交际能力。

此外，虚拟教师与在线学习资源的结合，还能够为学生提供更多的实践机会。学生在学习过程中，往往需要通过大量的语言实践来提升语言运用能力，而虚拟教师通过与在线资源的结合，能够为学生提供丰富的实践场景。学生可以通过虚拟教师的引导，参与到模拟对话、写作练习、文化讨论等多种活动中，提升自己的语言应用能力。这种基于实践的学习方式，使得学生能够在实际场景中更加自如地运用所学知识。通过虚拟教师的智能引导，学生不仅能够随时随地进行学习，还能够根据自己的学习需求和兴趣，获取适合的在线资源。这种全方位的学习支持，不仅提升了学生的学习效率，也极大增强了学习的灵活性和自主性。

第二节　多模态学习资源的开发与应用

在教育技术不断进步的背景下，学习资源的形式和应用方式也发生了显著变化。多模态学习资源的开发，为学生提供了更加丰富、多样的学习体验。通过结合视觉、听觉、触觉等多种感官，学习过程不再局限于传统的文本或课堂讲授，变得更加生动和互动。借助人工智能的支持，这些多模态资源能够根据学生的需求和学习方式进行个性化调整，进一步提升了教学效果。随着技术的深入应用，教学资源的多样化不仅激发了学生的学习兴趣，也为教师的教学方法带来了更多创新空间。

一、语音识别与自然语言处理技术的应用

语音识别技术能够将学生的语音转换为文字，并对其进行分析，帮助学生实时了解发音的准确性。教师可以利用这种技术，对学生的口语练习进行即时评估，识别出发音中的问题，并给予具体的纠正建议。这种即时反馈机制为学生提供了更多的练习机会，使其在不断改进中提高口语表达的流利度和准确性。自然语言处理技术也为英语教学带来了全新的学习体验。通过自然语言处理技

术，系统能够理解学生的文本输入，进行语法分析，并自动生成语法建议和修改提示。这不仅提高了学生在写作练习中的自我修正能力，还帮助他们更好地理解语法结构和表达方式。教师可以通过系统生成的分析报告，了解学生在写作中遇到的常见问题，从而在课堂上有针对性地讲解和辅导。

语音识别技术在听力训练中的应用尤为显著。系统可以根据学生的语音输入，判断学生是否正确理解了听力材料，并给出相应的反馈。学生在听完一段听力材料后，可以通过复述或回答问题的形式与系统进行互动，系统通过分析学生的语音表达，识别出他们在听力理解中的难点。这种互动式的听力训练方式，不仅增强了学生的听力理解能力，也提高了他们的语言应用能力。教师可以通过智能设备监控学生的口语练习情况，系统会根据每个学生的发音表现生成详细的报告，教师可以根据这些数据，及时调整教学内容和方法。这样的个性化反馈，确保了每个学生都能得到针对性的指导，提升了教学的效果和效率。

自然语言处理技术的另一个重要应用是在阅读理解中。系统能够通过对学生阅读材料的语义分析，生成针对性的阅读理解问题，并根据学生的回答情况，提供相关的提示和解释。学生在阅读过程中遇到的难点，可以通过自然语言处理技术得到及时的解答和帮助。这种基于智能分析的阅读训练方式，使得阅读理解不再局限于被动的学习过程，学生可以通过主动提问和互动，深入理解文章的内容。与传统的教学方式相比，语音识别与自然语言处理技术的应用极大增强了教学的互动性。学生不再是被动的知识接受者，而是通过与系统的实时互动，成为学习过程中的主动参与者。语音识别技术的引入，使得学生在口语练习中可以随时进行自我评估和改进，而自然语言处理技术则为学生的阅读和写作提供了智能化的支持，帮助他们更好地理解和运用语言。

在英语学习中，发音的准确性和流利度一直是学生面临的主要挑战。语音识别技术通过对学生发音的细致分析，可以识别出每个音节的细微差别，帮助学生纠正发音中的问题。这种高精度的语音识别，不仅能够检测出常见的发音错误，还能够分析出学生在连读、重音等方面的不足，帮助学生在实际对话中提升发音的自然度和语音的流利度。

语音识别技术还能够为学生提供发音评分，系统会根据学生的发音标准度自动打分，并给出改进建议。学生可以通过这种评分系统，不断练习和提高自己的口语水平。这种评分机制不仅为学生提供了客观的评估标准，还帮助他们更好地理解口语表达的技巧，逐步提升语言运用能力。与此同时，自然语言处理技术在学生写作中的应用也非常广泛。系统可以对学生的写作文本进行自动分析，识别出语法错误、用词不当以及句子结构的问题，并给出相应的修改建议。学生在写作过程中，可以通过系统的提示和建议，逐步完善自己的写作内容。这种智能化的写作辅导，不仅提高了学生的写作质量，还帮助他们在练习中不断积累语言知识，增强了语言表达的准确性和逻辑性。

语音识别与自然语言处理技术的结合为学生听说读写能力的全面提升提供了保障。学生在听力、口语、阅读和写作的每一个环节中，都可以通过智能系统获得实时反馈和支持。教师可以根据学生的表现，随时调整教学计划，确保每个学生都能得到个性化的辅导和提升。这种智能化的教学支持，不仅提高了学生的学习效率，也使得教学过程变得更加高效和灵活。在口语测试中，语音识别技术的应用能够有效减轻教师的工作负担。传统的口语测试通常需要教师对每个学生进行单独评估，这不仅耗时耗力，还容易受到主观因素的影响。语音识别技术通过自动化评估系统，可以为每个学生提供公平、客观的评估结果。系统根据学生的语音输入，自动生成评分报告，教师可以根据这些报告，进一步了解学生的口语水平，并制定有针对性的教学策略。

每个学生的学习速度、学习风格和语言基础各不相同，智能系统通过对学生学习数据的分析，能够生成个性化的学习任务和练习内容。学生可以根据自己的学习需求，随时选择适合自己的练习项目，并通过系统的反馈不断改进和提升。这种个性化的学习体验，不仅提高了学生的学习积极性，也增强了学习的效果。从教师的角度看，语音识别与自然语言处理技术的应用为教学设计提供了更多的灵活性。教师可以根据课程内容和教学目标，灵活选择不同的技术应用，设计出更加符合学生需求的教学活动。比如，教师可以通过语音识别技术，设计基于语音互动的课堂练习，增强学生的口语表达能力；也可以利用自然语言处理技术，为学生设计阅读理解和写作训练任务，提升他们的综合语言能力。

除了在课堂上的应用，语音识别与自然语言处理技术还为课外学习提供了更多的支持。学生在课外通过智能系统进行自主学习时，可以随时获得系统的反馈和帮助。无论是练习发音、口语对话，还是进行阅读和写作练习，系统都会根据学生的表现，自动生成学习报告，帮助学生了解自己的学习进展。这种课内外结合的学习方式，确保了学生能够在课堂之外继续获得高质量的学习资源和指导。系统可以根据学生的语音输入，模拟出与真实对话接近的互动场景，让学生在虚拟环境中进行语言练习。学生通过这些模拟对话，不仅能够提升口语表达能力，还能够锻炼语言应对能力和沟通技巧。这种虚拟互动的学习方式，极大增强了学生的语言应用能力，为他们在实际生活中使用语言做好准备。

语音识别与自然语言处理技术的应用，不仅改变了学生的学习方式，也为教师的教学方法带来了更多的创新空间。教师可以根据技术的优势，设计出更加多样化的教学活动，丰富课堂内容，提升学生的学习体验。这些技术的应用，使得教学过程更加互动和灵活，学生的学习积极性和主动性得到了极大的提升。通过语音识别技术和自然语言处理技术的结合，英语教学的每一个环节都得到了智能化的支持。学生在语言学习中可以获得更加全面和及时的反馈，教师也能够根据技术的反馈,更加科学地进行教学设计和评估。这种智能化的教学模式,为学生的全面发展和语言能力的提升提供了强有力的支持,使英语教学进入了一个全新的阶段。

二、虚拟现实与增强现实技术在英语教学中的应用

虚拟现实与增强现实技术在英语教学中的应用,正在为学习者提供更加沉浸式和互动化的语言学习体验。虚拟现实技术通过构建三维虚拟环境,让学生能够置身于仿真的语言情境中,进行实际的语言运用。学生可以在虚拟场景中进行对话练习、听力理解、文化交流等多项活动,从而在真实感强的环境中提高语言运用能力。这种沉浸式的学习方式,改变了传统课堂中语言教学的静态,为学生提供了更加直观、真实的学习体验。增强现实技术则通过将虚拟信息叠加在现实世界之上,帮助学生在真实环境中获取语言学习的支持。在课堂上,学生可以通过增强现实设备,将语言学习内容与现实场景相结合,例如在真实的校园场景中,通过增强现实技术引导学生完成实际的语言任务。这种技术的优势在于,它能够让学生在日常生活的环境中使用和练习语言,提升语言的实际应用能力。

虚拟现实技术还能够模拟出各种语言交流场景,帮助学生锻炼不同的语言技能。通过虚拟现实设备,学生可以进入到一个完全由计算机生成的场景中,与虚拟人物进行互动。这种模拟环境可以设置为不同的语言交流场所,如餐厅、机场、办公室等,使学生在不同的生活情境中练习语言表达。学生不仅能够在虚拟对话中锻炼口语,还能通过听力和阅读任务提升综合语言能力。学生可以通过虚拟现实技术"走进"不同的国家和文化环境,在虚拟世界中体验当地的风俗习惯、语言表达方式等。这种沉浸式的文化教学方式,让学生不仅学到语言,还能深入了解语言背后的文化背景。文化是语言学习中的重要组成部分,

虚拟现实技术通过逼真的场景和互动，让学生在语言学习过程中，更好地理解和适应不同文化的交流习惯。

此外，增强现实技术在语言学习中的作用也不容忽视。学生通过增强现实设备，如智能手机或平板电脑，可以将虚拟的语言学习内容叠加到现实场景中。学生在学习过程中，可以在现实世界中的任何地方使用增强现实技术进行学习，设备可以为他们提供即时的词汇解释、发音示范或句子结构解析。增强现实技术不仅增强了学习的趣味性，也帮助学生将语言学习与实际应用更加紧密地结合在一起。虚拟现实和增强现实的结合为学生提供了更多元的语言学习方式。学生在学习过程中，可以通过虚拟现实技术参与到模拟对话、角色扮演等互动活动中，也可以通过增强现实技术在现实环境中进行语言练习和应用。这种双重的技术支持，提升了学生在课堂内外的学习体验，使得他们能够更加灵活地掌握语言技能。

虚拟现实技术还可以用于模拟考试和语言评估。传统的语言考试往往无法完全模拟真实的语言交流场景，而虚拟现实技术可以通过构建复杂的语言环境，让学生在虚拟场景中进行语言测试。这种测试方式不仅能够全面考查学生的语言能力，还能够提供即时反馈，帮助学生在考试结束后了解自己的表现。教师可以通过这些数据，针对学生的不足之处进行有针对性的辅导和教学调整。学生可以通过增强现实设备，在日常生活的场景中进行语言学习。比如，学生可以在街头或商场中使用增强现实设备扫描某些物品，系统会自动为其提供相关的语言学习信息，包括单词的发音、用法以及例句。这种即时的学习方式，帮助学生将语言学习融入日常生活中，提升了语言学习的实际应用价值。

通过虚拟现实技术，学生可以在虚拟场景中进行小组活动和讨论，教师可以通过虚拟环境指导学生完成团队任务。这种团队合作的模式，不仅增强了学生的语言沟通能力,还培养了他们的合作精神和跨文化交流能力。而增强现实技术则可以为学生提供真实场景中的团队任务,学生可以在实际环境中通过增强现实设备进行协作,完成各种语言学习任务。教师可以通过虚拟现实设备,设计出更加多样化和互动性强的课堂活动,提升课堂的趣味性和参与度。学生在虚拟场景中的语言应用能力可以得到及时的反馈,教师可以根据学生在虚拟场景中的表现,调整后续的教学内容和教学重点。这种教学方式不仅提高了课堂教学的效率,也让学生的语言学习过程更加生动和真实。

增强现实技术还能够为课堂教学带来更多的互动和即时反馈。教师可以通过增强现实设备,将语言学习的重点词汇、句型或语法规则以视觉化的形式展示在学生面前,帮助他们更好地理解抽象的语言知识。学生可以通过与增强现实系统的互动,随时进行练习和测试,系统会根据他们的表现,提供个性化的学习建议和提示。这种即时反馈的机制,有助于学生在课堂中更加积极地参与学习,提高语言的掌握效果。传统的语言学习方式往往显得枯燥乏味,而虚拟现实和增强现实技术通过互动和场景模拟,让学生在真实的交流情境中进行语言学习。这种学习方式不仅增强了学习的趣味性,也让学生能够更好地理解和应用所学的语言知识。通过在虚拟现实和增强现实中与虚拟角色进行对话、完成任务,学生可以在不知不觉中提升语言表达能力,增强了学习的主动性和参与感。

学生可以通过虚拟现实设备,进入到一个完全英语环境的虚拟世界中,进行全程的语言练习和交流。无论是购物、旅游还是正式的商务谈判,虚拟现实技术都能够提供真实的语言应用场景,帮助学生更快适应不同语言环境下的沟通方式。这种沉浸式的语言学习体验,显著提升了学生的语言运用能力和自信心。虚拟现实与增强现实技术的结合,还能够为语言学习提供个性化的学习支持。在虚拟现实或增强现实的学习环境中,系统可以根据学生的学习表现,提供个性化的学习计划和反馈。比如,系统可以分析学生在虚拟对话中的表现,识别出他们的发音、语法或词汇问题,并根据这些问题为学生推送相应的学习资源和任务。学生可以根据系统的建议,进行有针对性的练习和改进,提升自己的语言能力。

在虚拟现实环境中,学生可以与不同文化背景的虚拟角色进行交流,学习如何在不同文化场景下进行语言沟通。通过与虚拟角色的互动,学生不仅能够提升语言能力,还能培养跨文化交际的意识和技巧。这种跨文化的交流体验,不仅有助于学生在未来的国际交流中更加自如地运用语言,也增进了他们对不同文化的包容和理解。传统的语言评估方式多以笔试和口试为主,而虚拟现实技术可以通过构建复杂的语言场景,让学生在真实的语言环境中进行测试。这种评估方式不仅能够全面考查学生的语言运用能力,还能提供即时的评估结果,帮助学生更好地了解自己的学习进展。增强现实技术还能够在真实场景中进行语言测试,例如通过增强现实设备,教师可以设计出基于现实环境的语言任务,在学生完成任务的过程中,系统会自动记录他们的表现并给出反馈。

三、多媒体互动平台与跨文化教学资源

多媒体互动平台在英语教学中发挥着越来越重要的作用。这些平台通过集成视频、音频、图像以及文本内容,为学生提供了丰富的学习体验。学生可以通过这些平台进行听、说、读、写等全方位的语言训练。教师也能够利用平台设计互动任务,让学生在完成任务的过程中学习语言。这种多样化的呈现方式,吸引了学生的注意力,并提升了他们的学习动机和效果。跨文化教学资源的引入,使得语言学习不再局限于单一的语言知识传授,学生能够在学习语言的同时了解其背后的文化背景。通过多媒体互动平台,教师可以将

不同国家和地区的文化元素融入语言学习中,帮助学生更好地理解语言的实际应用场景。比如,教师可以利用平台中的视频资源展示不同文化中的日常交流方式,学生通过观看这些视频,不仅学习语言,还增强了对不同文化的认知和适应能力。

学生可以根据自己的学习进度和兴趣,自主选择不同的学习内容进行探索。平台提供的资源涵盖了各类学习任务,包括口语练习、阅读理解、写作辅导等,学生可以随时随地通过设备访问这些资源。这种灵活的学习方式,帮助学生在课外时间依然能够高效地学习和巩固语言知识,极大地提升了学习的自主性。与此同时,多媒体互动平台的设计往往伴随有即时反馈机制。学生在完成一项任务或练习后,系统会根据其表现自动生成反馈。这种即时反馈,不仅帮助学生了解自己的学习进展,还让他们能够及时改进存在的问题。比如,在学生进行口语练习时,系统可以根据发音的标准度给予评分,并提出具体的改进建议。学生通过反复练习,逐渐纠正发音问题,提升语言表达能力。

跨文化教学资源的使用同样为课堂带来了新的活力。语言学习的本质不仅是掌握词汇和语法规则,更重要的是理解语言在不同文化中的运用方式。通过跨文化教学资源,教师能够让学生更深入地了解不同语言环境中的社会文化现象。学生通过对比不同国家的交流方式和表达习惯,能够更好地适应不同的语言场景,增强了跨文化交际能力。这些资源的应用,使语言学习变得更加生动有趣,学生在学习语言的过程中,也提高了跨文化理解能力。学生可以通过平台与同学进行在线讨论和小组任务,教师可以为他们设计基于合作的学习活动。这种协作式的学习模式,不仅提高了学生之间的互动和合作能力,也增强了他们在实际语言交流中的自信心。平台的多样化功能,还让教师能够监控学生在合作任务中的表现,并根据数据调整教学计划。

通过跨文化素材的呈现，学生可以看到在不同文化背景下，语言是如何使用的。比如，教师可以展示不同文化中的礼仪和表达方式，学生通过这种文化学习，能够更好地理解语言在不同场合中的使用规范。这种文化资源的引入，不仅增强了课堂的趣味性，也提升了学生对语言实际应用的兴趣和理解。每个学生的学习习惯和能力都不同，平台通过大数据分析和人工智能技术，可以根据学生的学习进展和需求，自动推荐适合的学习资源。比如，系统会根据学生的阅读理解能力，推送适合他们水平的阅读材料，并为其提供相应的练习任务。学生在这种个性化的学习环境中，能够更有针对性地提升自己的语言能力，避免了传统课堂中的"一刀切"式教学模式。

听力理解是语言学习中的一个重要环节，不同文化中的语言表达和发音习惯存在差异，学生通过多媒体平台中的跨文化音频素材，能够接触到不同地区的发音和表达方式。这种多样化的听力练习，不仅提高了学生的听力理解能力，还帮助他们在不同文化背景下更自如地进行语言交流。教师也可以通过多媒体互动平台，设计更加互动化的跨文化任务。比如，教师可以设置虚拟的跨文化交流任务，学生在完成这些任务时，需要运用不同文化中的语言表达方式。系统可以根据学生的表现，生成反馈报告，帮助教师更好地了解学生的跨文化交流能力，并根据反馈进行进一步的教学调整。这种任务式的教学设计，不仅增强了学生的语言实践能力，也帮助他们在虚拟环境中积累了跨文化交流的经验。

从教学设计的角度看，多媒体互动平台为教师提供了更多的创新空间。教师可以通过平台上传自己设计的跨文化资源，并将其整合到不同的教学环节中。比如，教师可以为一节课设计一个跨文化视频讨论环节，学生观看视频后进行小组讨论和分享，然后系统根据学生的讨论表现生成报告。这种灵活的教学设计，让教师能够根据教学目标和学生的学习情况，灵活调整教学内容和方法，确保教学效果的最大化。不同文化中的口语表达习惯存在显著差异，学生通过多媒体平台可以接触到这些不同的表达方式。平台可以提供虚拟的口语练习场景，学生通过与虚拟角色进行对话练习，不仅可以提升口语表达能力，还能了解不同文化中的语言使用习惯。这种虚拟互动的口语训练模式，使学生能够在实践中积累语言应用经验，提升他们在实际交流中的自信心。

多媒体互动平台的应用，还丰富了语言学习中的评估方式。教师可以通过平台的学习数据分析功能，实时查看学生的学习表现，并根据这些数据为学生制订个性化的学习计划。比如，系统会自动分析学生的听力练习和阅读理解成绩，并为教师提供详细的学习报告。教师根据这些报告，可以了解学生在学习中的优势和不足之处，并有针对性地进行辅导和教学调整。这种基于数据的评估方式，不仅提高了教学的精准性，也为个性化教学提供了数据支持。在跨文化教学中，语言与文化的结合是教学设计中的一个关键点。多媒体互动平台通过整合不同的跨文化素材，使得学生能够在语言学习中理解到更多的文化差异。学生通过这些素材的学习，不仅能够提升语言能力，还能培养对其他文化的尊重和理解。这种文化教育与语言教学的结合，不仅丰富了课堂内容，也让学生在未来的跨文化交际中具备更强的适应能力。

教师可以通过虚拟现实技术和增强现实技术，将学生带入虚拟的文化场景中，让他们在模拟的文化环境中进行语言学习。学生通过这种沉浸式的学习体验，不仅能够更好地掌握语言，还能在实践中提升跨文化交流技巧。这种技术与多媒体平台的结合，极大地拓宽了跨文化教学的方式和路径。通过平台，学生能够在课堂内外随时随地进行语言学习和跨文化知识的积累。这种资源的多样性和互动性，使得学生能够在学习中获得更多的参与感和成就感，提升了语言学习的效果和跨文化交际能力。平台的个性化推荐和即时反馈机制，确保了每个学生都能根据自己的学习需求和进展，获得最合适的学习资源和支持。

第三节 人工智能技术在教学中的伦理对策

随着人工智能技术在教育领域的广泛应用，技术与伦理的平衡问题逐渐成为关注的焦点。在提升教学效率和个性化学习的同时，人工智能的应用也引发了关于数据隐私、决策透明性和公平性等方面的讨论。学生的学习行为数据被大规模收集和分析，如何在技术创新与隐私保护之间找到平衡，成为每个教育者和技术开发者需要深思的问题。随着技术的进步，建立起合理的伦理框架，将为人工智能在教育中的可持续应用提供保障。

一、建立数据安全与隐私保护机制

在人工智能技术广泛应用于教学的背景下，数据安全与隐私保护成了一个不可忽视的关键议题。随着智能化教学工具的普及，学生的学习行为、学习习惯、考试成绩等大量个人数据被持续地采集和分析。这些数据不仅是技术优化的重要依据，也涉及学生的个人隐私。因此，建立有效的数据安全与隐私保护机制，对于人工智能技术在教育中的合理应用至关重要。

首先，教育机构在使用人工智能工具时，必须明确数据收集的目的和范围。学生数据的采集应当基于合法、透明的原则，确保学生或其监护人知情并同意相关数据的使用。未经授权的数据收集不仅违反伦理，也可能引发法律纠纷。因此，学校和教育技术公司需要建立完善的告知机制，确保数据的收集过程公开透明，让学生清楚了解其个人数据的用途，并赋予学生自主选择是否参与数据收集的权利。为了确保数据的安全，技术开发者需要设计更加严密的数据加密措施。数据在传输和存储过程中，面临着被泄露或篡改的风险，尤其是在涉及敏感个人信息时，加密技术显得尤为重要。教育技术公司应当运用最先进的加密算法，确保学生数据在整个处理流程中始终处于安全状态。此外，数据的存储也应当符合国家和地区的相关法规要求，避免数据泄露带来的隐私风险。

其次，访问控制也是数据安全机制中必不可少的部分。只有被授权的人员才能访问学生的个人数据，并且应根据权限的不同设定不同级别的访问权限。比如，教师可以查看学生的学习进度和考试成绩，但不应接触学生的敏感个人信息。学校的管理人员和技术支持团队，也应仅在必要的情况下才接触到相关数据。严格的访问控制机制不仅保护了学生的隐私，也确保了数据使用的合法性。在处理数据时，还需考虑到数据的匿名化和去标识化技术。即使是用于科研或教学优化目的的数据，未经处理的个人信息仍有可能被追踪到特定个体。因此，数据匿名化处理成为保障学生隐私的重要手段。通过将学生的身份信息从数据集中剥离，技术开发者可以确保数据在研究和分析过程中不会侵犯个人隐私。同时，去标识化技术可以进一步降低数据重识别的风险，增强数据的安全性。

此外，教育机构和技术提供方还需要建立严格的数据使用和共享制度。学生的数据应当仅限于为提升教学质量、个性化学习服务等合法目的使用，不得用于商业营销或其他与教育无关的用途。学校应对第三方数据使用进行严格审查，明确规定数据的用途和使用时限。任何涉及学生个人数据的跨机构共享，必须获得学生及其监护人的明确同意，确保数据的使用符合学生的利益。在数据泄密应急处理机制方面，学校和技术公司需要提前制定详细的应对方案。尽管通过完善的技术手段可以大幅降低数据泄露的风险，但在实际操作中仍可能存在意外发生的情况。一旦发生数据泄露，教育机构应当及时告知相关学生和家长，并采取有效措施减少损失。同时，还需迅速查明数据泄露的原因，堵塞漏洞，确保类似事件不再发生。这一过程需要有完善的责任追究机制，确保问题能够被迅速有效地处理。

学生数据的生命周期管理也应当成为数据安全策略中的一部分。学生数据在教学过程中的使用有其特定的时间段，当数据不再具有使用价值或超过存储时限时，必须被安全地销毁或去标识化处理。数据的销毁过程需要严格遵循行业标准，避免不当操作导致数据泄露。学校应当定期检查和清理存储系统，确保数据的合理使用和安全处理。数据安全与隐私保护的另一个关键环节在于教育和培训。学生、教师和管理人员都需要对数据安全有足够的认知和警惕性。学校应定期为师生提供数据安全的培训课程，帮助他们了解如何在使用人工智能技术时保护个人隐私。技术人员也需要保持对最新安全技术和行业标准的学习和掌握，确保自身能够应对不断变化的安全挑战。通过教育与培训，学校可以构建起全面的数据安全文化，减少由于人为疏忽或误操作引发的安全问题。

数据安全与隐私保护不仅是技术问题，更是一个伦理问题。教育机构和技术公司在设计和应用人工智能系统时，必须以学生的利益为核心，确保技术的使用不会侵犯学生的隐私权或导致数据滥用。伦理委员会的设立可以为学校和公司提供指导，帮助它们在决策过程中更加慎重地处理数据安全与隐私保护的问题。这种机构的存在能够为数据管理的合法性和透明性提供更高层次的保障，确保人工智能技术的应用始终符合道德标准。数据安全的保障不应是静态的，而是一个动态的过程，技术和机制需要随着数据的复杂性和技术的发展而不断更新。通过结合技术手段、政策规范和伦理监督，教育领域的人工智能应用可以在提升教学效果的同时，最大限度保护学生的个人隐私和数据安全。这不仅是对学生权利的尊重,也为人工智能技术在教育中的可持续发展奠定了坚实的基础。

二、制定人工智能技术在教学中的伦理规范

教师和教育技术开发者首先需要明确人工智能在教学中的角色和边界。虽然人工智能可以通过数据分析和自适应学习系统提供个性化的学习支持,但技术的应用不应替代教师的核心作用。教师作为教学的引导者,承担着培养学生思维能力和道德判断的责任,而人工智能系统则应当作为辅助工具,帮助教师更好地完成这一使命。因此,人工智能技术在教学中的应用应始终以服务教师和学生为目的,而不是取代教师的教学职责。系统在进行数据分析和生成教学建议时,相关的决策过程必须透明且可解释。这意味着教师和学生应当了解系统做出某一教学建议或评估的依据,确保其决策过程公正且符合教育目标。人工智能的黑箱问题,即技术背后的复杂算法和数据处理过程不为使用者所知,可能会导致师生对其决策结果产生怀疑。为此,教育技术开发者应当尽可能开放算法的逻辑和设计,确保系统的运作符合公平、公正和透明的原则。

确保公平性也是制定伦理规范的重要环节。人工智能技术在教学中处理和分析大量学生数据,而不同背景的学生可能因性别、种族、地域等差异,在技术应用中面临不同的结果。为了避免技术偏见,系统必须在数据训练阶段引入多样化的数据集,并在实际应用中不断优化算法,确保每个学生都能在同等条件下获得公平的教育资源和支持。人工智能技术的伦理规范应明确规定,系统不得在任何情况下基于个人的性别、种族等特征进行歧视性决策,保障每个学生的平等教育权利。人工智能虽然可以模拟对话和提供学习反馈,但这些互动必须保持在辅助学习的范围内,而非替代人际交流。教师与学生之间的互动,不仅是知识的传递,更是情感交流和价值观塑造的过程。人工智能在这个过程

中所能发挥的作用是有限的，过度依赖技术可能会削弱课堂中的人文关怀。因此，系统的设计和应用应当始终尊重人类教育中人与人之间的交流需求，不得过度依赖技术来处理复杂的情感和道德问题。

人工智能技术的伦理规范还需注重学生数据的使用权限和范围。学生的个人数据在教学过程中会被广泛采集，这些数据应仅用于提升教学效果和个性化学习服务，而不能超出教育目的的范围。任何涉及数据的使用、分析和共享，必须明确告知学生和家长，并获得他们的同意。人工智能系统的设计者应建立清晰的边界，确保数据的收集和使用不会侵犯学生的隐私权，同时限制数据被滥用或用于其他商业目的。伦理规范还需关注学生的技术接触权利和自主选择权。人工智能技术虽然为学生提供了更加个性化的学习体验，但学生也应有权选择是否使用这些技术。系统的使用不应强制推行，而应当给予学生自主选择的空间。每个学生对技术的适应能力不同，伦理规范应确保学生有权决定如何使用人工智能系统，以及何时暂停其使用。教师和教育机构应当尊重学生在这一过程中的选择，避免因为技术的应用而限制了学生的自主性和学习自由。

制定人工智能技术的伦理规范还需确保系统的长期维护和更新。技术的应用过程是动态的，随着教学需求的变化和技术的升级，系统的算法和功能可能会进行调整。因此，伦理规范应要求技术开发者在每次系统升级时进行全面的伦理审查，确保更新后的技术依然符合公平性、透明性和数据安全的要求。此外，教育机构也应定期评估人工智能技术的使用效果，及时发现和解决技术应用中的伦理问题。教师不仅是人工智能技术的使用者，也是其监督者和评价者。伦理规范应明确规定教师在技术应用中的责任和权利，确保他们能够在使用技术的同时，始终保持对技术效果的监督。教师应有权审查系统提供的教学建议，判断其是否符合教学目标，必要时应能够拒绝系统的某些自动化决策。这种对技术的把控，确保了技术始终为教育服务，而不会反客为主，控制教学过程。

学生的技术素养教育也应当成为伦理规范中的一部分。学生在使用人工智能技术进行学习时，必须具备基本的技术素养，能够理解系统的操作原理和可能存在的局限性。伦理规范应要求教育机构在推广人工智能技术的同时，为学生提供相关的技术培训，帮助他们在使用技术的过程中保持理性和批判性。学生不仅是技术的使用者，更应当成为技术的思考者，能够在技术应用的过程中保持对伦理问题的敏感和认知。在教学过程中，技术不应偏离教育的核心目标，即培养学生的综合素质和独立思维能力。伦理规范应当明确，人工智能技术的应用不能仅仅为了提高成绩或提升效率，而是要始终服务于学生的全面发展。教师在使用技术时，应当根据教学目标进行灵活应用，而不是完全依赖技术来指导教学。这一规范的建立，能够确保技术始终为教育目的服务，不会因为技术的便利性而偏离教学的本质。

技术滥用的风险也是伦理规范中不可忽视的内容。人工智能技术虽然能够优化教学，但如果不加以控制，可能会产生负面后果。比如，过度监控学生的学习行为可能导致学生的隐私权受到侵犯，甚至会影响他们的学习主动性和创造力。因此，伦理规范应当明确规定技术的使用边界，避免技术被滥用或被错误使用。在这一过程中，教育机构和技术公司应承担起共同的责任，确保技术在应用中始终遵循伦理和法律的双重标准。人工智能技术的伦理规范的制定不仅涉及技术的应用问题，更是一项复杂的社会工程。技术的应用应始终以学生的利益为中心，确保学生能够在技术的帮助下获得更加公平、个性化和高效的学习体验。同时，技术的开发者和教育工作者也应共同承担起维护伦理的责任，确保人工智能在教学中的每一步应用都符合道德标准和教育的根本目标。

三、增强教师与学生的技术伦理意识

在人工智能技术广泛应用于教育领域的过程中，提升教师和学生的技术伦

理意识至关重要。随着技术的深入发展,教育者和学习者不仅要掌握如何有效使用技术工具,更要理解其背后的伦理问题。教师和学生作为教育活动的核心主体,需要具备足够的伦理意识,确保人工智能技术的使用不会违背教育的初衷或侵害个人权益。教师在教学过程中必须意识到技术的"双刃剑"属性。尽管人工智能技术为教学提供了许多便利,但其背后潜藏的伦理问题不容忽视。教师需要清楚地认识到,在数据驱动的教学中,学生的隐私和权利应该得到充分保护。教师在使用人工智能系统时,必须关注学生数据的收集、存储和使用过程,确保其符合相关的法律规定和伦理标准。在课堂中,教师不仅要引导学生合理使用技术,还要帮助学生理解技术带来的潜在风险。

为了增强教师的技术伦理意识,教育机构应提供定期的培训和指导。这些培训应帮助教师了解人工智能系统的基本原理,识别可能产生的伦理问题,并教授如何在实际教学中进行合理的技术应用。比如,教师需要学习如何在个性化教学中平衡技术的优势与学生的隐私保护,如何在教学设计中避免过度依赖技术,而忽略了人与人之间的互动和情感联系。通过这样的培训,教师可以更好地发挥技术在教育中的作用,同时确保技术的使用符合伦理规范。学生在接受人工智能辅助的学习时,同样需要具备技术伦理意识。虽然技术能够为学生提供个性化的学习路径和即时反馈,但学生也应理解技术背后可能存在的数据风险。学生的学习行为数据不断被系统收集和分析,这些数据不仅影响学习策略的设计,也可能涉及个人隐私问题。学生应当了解如何在保护自己隐私的前提下,合理利用人工智能系统进行学习,避免无意识中泄露个人敏感信息。

学校应为学生开设专门的技术伦理课程。通过这些课程,学生可以学习如何在数字时代保护自己的数据和隐私,了解人工智能技术的运作方式,以及如何判断技术应用中的伦理问题。这些课程不仅帮助学生更好地理解技术,还能培养他们的批判性思维能力,让他们在面对技术决策时能够做出更加理性和负责任的选择。技术伦理教育的引入,将为学生提供更广泛的技能储备,帮助他们在未来的学习和生活中应对日益复杂的技术环境。在课堂教学中,教师还应鼓励学生思考人工智能技术的局限性。学生在使用技术进行学习时,容易忽视技术的潜在偏见和不完善之处。教师应引导学生讨论和分析技术的伦理挑战,例如人工智能系统是否存在数据偏见,是否会对某些群体造成不公平待遇。这种讨论不仅可以增强学生的技术意识,还能帮助他们更全面地看待技术在教育中的作用,避免盲目依赖技术而忽视其中的隐患。

教师应当在教学中强调人工智能技术的人文关怀。尽管技术能够提供高效的学习工具和个性化支持,但教育的本质仍然是人文的、情感的。教师应当提醒学生,学习不仅是技术问题,更是人与人之间的交流和理解。技术伦理意识的培养,不仅在于理解技术如何工作,还在于认识到技术并不能替代人类的情感和道德判断。教师可以通过案例讨论、互动活动等方式,引导学生思考在技术应用中的伦理问题,并帮助他们在使用技术的过程中保持清晰的价值观和伦理意识。在提升技术伦理意识的过程中,学校管理层也扮演着关键角色。管理层需要确保学校在推广和应用人工智能技术时,始终遵循相关的伦理准则和法律规定。他们有责任制定和执行一系列伦理规范,确保人工智能技术的使用不会侵犯学生的隐私或损害他们的利益。同时,学校还应为教师和学生提供资源和支持,帮助他们在技术的使用过程中解决遇到的伦理问题。这种制度化的保障,能够为师生在技术应用中的伦理决策提供坚实的基础。

此外,技术公司和教育技术开发者也有责任帮助教育机构增强师生的技术伦理意识。在设计和推广人工智能产品时,技术公司应当提供详细的伦理指南和使用规范,帮助用户理解如何在保障隐私和权益的前提下合理使用技术。这些指南和规范应当包含对技术局限性的解释、可能产生的伦理问题的警示,以及如何在使用过程中保护数据安全的具体措施。通过与教育机构的合作,技术公司可以帮助教师和学生更好地认识到技术的潜在影响，从而推动技术在教育中的负责任应用。教师在课堂中的作用还包括引导学生批判性地看待技术的应用。学生在使用人工智能系统进行学习时，可能会对系统的建议产生过度信任。教师应帮助学生理解，尽管人工智能能够提供数据驱动的学习建议，但这些建议并不总是最优解。通过鼓励学生独立思考，教师可以帮助学生在使用技术的同时，保持批判性思维，避免盲目依赖技术。技术伦理意识的培养，需要教师和学生共同参与，并通过实践不断加深理解和应用。

教师还可以通过实例教学，展示技术带来的伦理困境和解决方案。比如，教师可以设计案例讨论，探讨某些技术应用中出现的伦理问题，并引导学生思考如何在实际场景中做出符合伦理标准的决策。通过这种方式，学生可以在真实的学习环境中，逐渐培养出对技术伦理的敏感性和判断力。教师的引导，不仅能够帮助学生理解技术中的伦理挑战，还能培养他们在未来面对类似问题时的应对能力。学校还应定期组织与技术伦理相关的研讨会和交流活动，邀请行业专家和学者与教师和学生进行互动。这些活动可以为师生提供更多关于人工智能技术及其伦理问题的前沿知识，帮助他们更加全面地理解技术应用中的复杂性。通过这些研讨会，教师和学生可以获得最新的技术伦理发展动态，增强他们在日常教学和学习中对技术问题的敏感度。

在技术伦理意识的提升过程中，学生的自主性也是不可忽视的部分。学生不仅是技术的使用者，也应当成为技术的反思者。学校应鼓励学生在使用人工智能工具时，积极参与伦理讨论，并提出自己的见解。通过这种方式，学生可以逐渐培养出独立思考和做出道德判断的能力。技术伦理教育的目标，不仅是让学生理解技术本身，更是帮助他们在面对技术的复杂问题时，能够做出符合道德标准的选择。技术伦理意识的提升不仅是一个教学问题，更是一项系统性工程，需要学校、教师、学生和技术公司共同合作。通过多方的共同努力，人工智能技术在教育中的应用可以变得更加负责任和伦理规范化。在这个过程中，教师的引导、学生的学习和管理层的支持相辅相成，推动技术在教育中的可持续发展。

在人工智能技术的深度介入下，英语教学资源的开发和利用发生了显著变革。这些技术不仅丰富了教学资源的形式和内容，还极大地提升了学习的个性化和效率。无论是数字教材的生成、多模态学习资源的开发，还是人工智能驱动的互动平台，都为学生提供了更加灵活和多样化的学习体验。与此同时，数据安全、隐私保护以及伦理规范的制定也成了确保人工智能技术在教育中合理应用的重要保障。通过多方共同努力，人工智能技术正在为英语教学资源的开发带来更多的可能性，并促进教学过程的创新和优化。

参考文献

[1] 堵楠楠.基于人工智能的VR教学在高校英语教学中的应用[J].现代职业教育，2022（38）：19—21.

[2] 靳成达.信息化环境下人工智能在大学英语教学中的应用研究[J].长春师范大学学报，2022，41（7）：163—165.

[3] 夏明滇.人工智能在高职英语辅助教学中的应用效果实证分析[J].校园英语，2022（25）：43—45.

[4] 俞蓓.人工智能在大学英语教学中的应用策略[J].桂林航天工业学院学报，2022，27（2）：262—267.

[5] 季玢.人工智能在小学英语阅读教学中的应用[J].校园英语，2022（16）：21—23.

[6] 蔡诗静，翁俐，严静.人工智能在中小学英语教学中的应用研究[J].英语广场，2021（29）：131—133.

[7] 刘冰.信息化环境下人工智能在高职英语教学中的应用探析[J].财富时代，2021（9）：183—184.

[8] 堵楠楠.基于人工智能的VR教学在高校英语情境教学中的运用研究的反思[J].现代英语，2021（14）：32—34.

[9] 孙清媛，房宁.人工智能在小学英语教学中的应用[J].新课程，2021（19）：140.

[10] 陆世尧.人工智能在高校教育教学中的应用与研究[J].黑龙江科学，2021，12（7）：49—51.

[11] 何莲珍.新文科与外语学科建设——综合性大学的探索与实践[J].中国外语，2021（1）：8—9.

[12] 刘宏.外语院校新文科建设理论与实践[J].中国外语，2021（1）：15—16.

[13] 王俊菊.新文科建设对外语专业意味着什么？[J].中国外语，2021（1）：1；24.

[14] 徐锦芬，雷鹏飞.大学英语教师教学科研融合发展的叙事研究[J].中国外语，2020（6）：62—68.

[15] 胡开宝.新文科视域下外语学科的建设与发展——理念与路径[J].中国外语，2020（3）：14—19.

[16] 陶东风.新文科新在何处[J].探索与争鸣，2020（1）：8—10.

[17] 修伟，田新笑.聚焦"多语种+"人才培养，探索外语学科发展——新文科背景下的"多语种+"卓越国际化人才培养论坛综述[J].外语界，2019（6）：70—72.

[18] 姜智彬，王会花.新文科背景下中国外语人才培养的战略创新——基于上海外国语大学的实践探索[J].外语电化教学，2019（5）：3—6.

[19] 古海波，顾佩娅.高校英语教师科研情感调节策略案例研究[J].解放军外国语学院学报，2019（5）：57—65.

[20] 文秋芳.新中国外语教育70年：成就与挑战[J].外语教学与研究，2019（5）：735—745；801.